中国能源技术创新对节能减排的影响：理论与实证

杨忠敏 著

教育部人文社会科学青年基金项目“我国能源技术创新对节能减排的作用机制及影响研究”(项目号：15YJC790133)
河北省社会科学基金项目“新常态下河北省节能减排创新机制与模式研究”(项目号：HB15GL066)
河北省高等学校人文社会科学青年拔尖人才项目“河北省技术创新对节能减排的影响与政策研究——以能源行业为例”(项目号：BJ2014088)
河北师范大学博士基金项目“我国能源技术创新对碳排放的影响研究——基于能源技术专利存量的视角”(项目号：L2013B17)
河北师范大学人文社会科学学术著作出版基金“我国能源技术创新对节能减排的影响：理论与实证”(项目号：S2014C14)

科学出版社
北京

内 容 简 介

随着中国经济的持续增长和工业化进程的加快，节能减排形势日益严峻，依托能源技术创新推动节能减排已得到学者们的普遍认同。本书全面介绍了能源技术创新和节能减排相关理论，系统剖析了能源技术创新等因素对能源效率和碳排放的作用机制，诠释了中国能源技术创新对省际、工业全要素能源效率的影响，研究了中国能源技术创新与碳排放的长期均衡与动态关系，并揭示了化石能源技术与无碳能源技术创新对省际碳排放贡献的差异，进而提出了有助于提升中国能源效率、降低碳排放的能源技术政策。

本书适合能源经济与管理、低碳经济、技术创新与战略管理、气候政策等领域的政府公务人员、企业管理人员、高等院校师生、科研院所人员及相关工作者阅读。

图书在版编目(CIP)数据

中国能源技术创新对节能减排的影响：理论与实证 / 杨忠敏著 .—北京：科学出版社，2015

ISBN 978-7-03-046724-9

Ⅰ.①中… Ⅱ.①杨… Ⅲ.①新能源－技术－影响－节能－研究－中国 Ⅳ.①TK01

中国版本图书馆 CIP 数据核字(2015)第 303439 号

责任编辑：陈　亮 / 责任校对：景梦娇
责任印制：霍　兵 / 封面设计：无极书装

科 学 出 版 社 出版
北京东黄城根北街 16 号
邮政编码：100717
http://www.sciencep.com

北京凌奇印刷有限责任公司 印刷
科学出版社发行　各地新华书店经销

*

2015 年 12 月第　一　版　开本：720×1000　1/16
2015 年 12 月第一次印刷　印张：10
字数：202 000

POD定价：　58.00元
(如有印装质量问题，我社负责调换)

前　言

随着我国经济的持续增长和工业化进程的加快，能源消费量不断上升，能源消费结构不合理和能效低下等问题导致的高能耗、高排放更加突出，节能减排形势严峻。依托技术进步推动节能减排已得到学者们的普遍认同，能源技术创新在许多发达国家受到普遍重视并成为当前研究热点。国际先进节能减排技术向我国转移率低，仅依靠技术引进实现我国节能减排的目标是不现实的，必须致力于提高自身的能源技术创新能力。目前学术界更多关注技术进步或 R&D 投入对能源效率和碳排放的影响，对于能源技术专利是否起到提高能源效率、降低碳排放的作用还缺乏理论与实证的研究。

因此，本书以我国 2020 年及未来更长时期内实现节能减排目标为契机，基于能源技术创新产出的视角，从全国、地区及工业角度研究我国能源技术专利对节能减排的影响。本书的主要研究内容如下。

第一，从理论角度研究了能源技术创新对节能减排的影响，在分别构建能源效率影响因素、碳排放影响因素逻辑关系框架的基础上，揭示了能源技术创新等因素对能源效率和碳排放的作用机制。

第二，研究了能源技术创新对省际全要素能源效率的影响。先利用数据包络分析（data envelopment analysis，DEA）模型测算省际全要素能源效率，应用知识管理与数据分析软件系统检索能源技术专利数据，然后利用面板随机效应 Tobit 模型研究多因素作用下我国能源技术专利对省际全要素能源效率的影响。结果表明：能源技术专利有效地促进了全国和东部地区全要素能源效率的提高，而对中部、西部地区全要素能源效率的促进作用是有限的。

第三，研究了能源技术创新对工业全要素能源效率的影响。在运用 DEA 模型测算省际工业和全国重工业与轻工业全要素能源效率的基础上，利用 Tobit 模型研究多因素作用下能源技术专利对省际工业、全国重工业和轻工业全要素能源效率的影响。结果表明：能源技术专利对省际工业全要素能源效率的提高具有显著的促进作用，能源技术专利也提高了全国重工业和轻工业的全要素能源效率，但对重工业能源效率的作用大于轻工业。

第四，研究了能源技术创新与碳排放的长期均衡与动态关系。基于向量自回归（vector autoregression，VAR）模型/向量误差修正模型（vector error correction model，VECM），探讨多因素作用下我国能源技术创新与 CO_2 排放量、能源技术创新与碳排放强度之间的长期均衡和动态关系。结果表明：能源技术专利与人均 CO_2 排放量之间存在长期负向关系，但不显著；而能源技术专利与碳排放强度之间存在显著的长期负向关系，能源技术专利每增加 1%，碳排放强度则下降 0.309%，表明能源技术专利有效地降低了碳排放强度。

第五，研究了能源技术创新对省际碳排放的影响。在估算省际碳排放、化石能源和无碳能源技术专利的基础上，运用动态面板数据方法，研究在考虑经济增长的情况下我国化石能源与无碳能源技术创新对碳排放影响的地区差异。结果表明：化石能源技术专利在全国及东部、中部、西部地区都没有起到降低碳排放的作用；无碳能源技术专利在全国和东部、中部、西部地区都起到了降低碳排放的作用，但东部地区的减排效果比较明显，而中部和西部地区的减排效果不明显。

总之，能源技术创新在提升能源效率、降低碳排放方面发挥着重要作用，制定合理的能源技术政策是实现节能减排目标的根本保证。

在本书研究与撰写过程中，得到了教育部人文社会科学青年基金项目（项目号：15YJC790133）、河北省社会科学基金项目（项目号：HB15GL066）、河北省高等学校人文社会科学青年拔尖人才项目（项目号：BJ2014088）、河北师范大学博士基金项目（项目号：L2013B17）、河北师范大学人文社会科学学术著作出版基金（项目号：S2014C14）的资助。同时，在本书的形成与完善过程中先后得到魏一鸣教授、王兆华教授、颜志军教授、张跃军教授、廖华教授、张毅祥副教授等专家的指导、鼓励和支持，在此，表示衷心的感谢。

感谢科学出版社的领导以及责任编辑对本书出版付出的辛勤劳动和提供的鼎力支持。在本书编写过程中参考了大量论著和文献资料，在此向相关作者表示深深的谢意。能源技术创新属于新兴的研究领域，研究内容非常丰富，但是由于作者自身学识与能力有限，书中的观点和内容难免存在疏漏、不足之处，敬请广大读者批评指正。同时衷心希望能有更多的学者加入这一研究领域，取得更多的创新性研究成果，使我国能源技术创新理论日臻丰富和完善。

杨忠敏

2015 年 11 月

目　　录

第1章 绪　　论

能源是人类活动的物质基础，在经济和工业发展中发挥着重要作用。人类使用能源特别是化石能源数量的增多，引发的资源环境问题越来越受到世界各国的重视。改革开放以来，我国经济高速增长，工业化进程明显加快，人民生活水平显著提高，带动了能源消费量的急剧上升，由此导致了资源耗竭和环境污染等一系列问题，使我国承受着能源短缺和环境保护的压力。我国是一个以煤炭为主要能源的国家，发展经济与环境污染的矛盾比较突出，提高能源利用效率、降低碳排放成为当前最需解决的重要问题。

1.1　问题的提出

1.1.1　化石能源消费加剧能耗上升

随着经济迅猛发展，工业化和城市化进程的加快，我国能源消耗量在不断快速增加。从能源消费量来看，1991 年我国能源消费量为 10.378 亿吨标准煤，2010 年能源消费量为 32.494 亿吨标准煤，净增 22.116 亿吨标准煤，比 1991 年增加了 213.105%①。从人均电力消费来看，虽然中国的人均电力消费相比发达国家处于较低水平，但呈现高速增长态势[1]。高投入、高消耗的粗放型经济增长方式是我国工业发展的一大特点，造成我国能源需求和温室气体排放的迅猛增长。高耗能行业消耗的能源多，碳排放量也大，如我国每生产 1 吨水泥释放 0.136 吨 CO_2[2]。此外，随着我国经济的快速发展，人民生活水平在不断提高，能耗也在不断增大，居民生活中的能源消费也成为 CO_2 排放的一个重要来源。

由于富煤缺油的能源禀赋，中国形成了现阶段以煤为核心的能源消费结构。如表 1.1 所示，2010 年中国煤炭消费占能源消费的比重为 70.451%，石油为 17.622%，天然气为 4.033%，水电、核电等清洁能源在能源结构中所占的比例仅为 7.393%。同期美国煤炭消费所占比重为 22.951%，石油为 37.188%，天然气为 27.169%，水电、核电等清洁能源为 12.693%；日本分别为 24.696%、

① 资料来源：《中国统计年鉴》(2011 年)。

40.248%、16.989%、17.069%。可见，中国煤炭消费所占比重高于美国和日本，也高于英国、法国、印度和巴西。随着经济发展和工业化进程的进一步推进，以煤炭为主的能源消费结构在较长一段时期内仍将占有主导地位。能源消费结构不合理造成的能源浪费，被普遍认为是导致中国能源环境问题严重的主要原因之一。

表 1.1 2010 年世界主要国家能源消费结构(单位:%)

国家	煤炭	石油	天然气	核电	水电	可再生能源
美国	22.951	37.188	27.169	8.409	2.573	1.711
巴西	4.884	46.042	9.374	1.300	35.289	3.111
法国	4.794	33.043	16.719	38.391	5.666	1.347
英国	14.921	35.246	40.411	6.743	0.383	2.343
中国	70.451	17.622	4.033	0.687	6.706	0.497
日本	24.696	40.248	16.989	13.216	3.853	1.018
印度	52.957	29.664	10.626	0.992	4.807	0.954

资料来源：《BP 世界能源统计年鉴 2012》

能源产品在生产和消费过程中会产生大量的污染物，尤其是煤炭、石油等含碳能源在燃烧过程中会排放出 CO_2 和 SO_2 等温室气体。根据政府间气候变化专门委员会(Intergovernmental Panel on Climate Change，IPCC)的研究，化石能源燃烧过程中所排放的温室气体是全球气候变暖的主要原因。在经济快速发展和工业化迅猛推进的背景下，中国碳排放出现了持续增长趋势，2010 年比 1991 年增长了 251.206%，碳排放量大幅度增加的主要原因是中国以煤炭为主的能源消费结构。根据美国能源信息管理局(Energy Information Administration，EIA)的统计数据，2010 年中国由于能源消耗产生的 CO_2 排放量达到 832 096.3 万吨，已居世界第一位，超过了美国、印度和日本①。从 2010 年上述国家占世界碳排放总量的情况来看，中国占 26.183%，美国占 17.653%，印度占 5.335%，日本占 3.664%。由于经济的快速增长，制造业和发电行业对煤炭的严重依赖，到 2030 年中国 CO_2 排放量将达到 67 亿吨[3]。削减 CO_2 排放量，缓解温室气体效应，已经成为国际社会的广泛共识，减排目标和责任共担成为 2009 年哥本哈根和 2010 年坎昆世界气候大会谈判的焦点问题。随着 CO_2 排放的持续增长，中国在经济发展过程中必将面临更大的国际减排压力，采取措施降低碳排放已经迫在眉睫。

---

① 数据来源：http://www.eia.gov/。

1.1.2 能源利用效率偏低

虽然目前中国的能源消费量已位居世界第一，但能源利用效率却相对偏低。能源利用效率可以通过能源强度指标来反映，能源强度是指单位国内生产总值(GDP)能源消耗，能源强度越低，则能源效率越高。从纵向来看，通过改革与创新，中国能源利用效率有了较大的提高。按照1978年可比价格计算，中国万元GDP能耗从1991年的4.765吨标准煤下降到2010年的0.81吨标准煤，说明中国在提高能源利用效率方面的工作成效是显著的。但是，中国能源利用效率与国际先进水平相比，还存在一定的差距。从横向比较来看，中国单位GDP能耗仍然偏高。如表1.2所示，2008年中国单位GDP能耗为4.630吨油当量/万美元，美国为1.620吨油当量/万美元，日本为1.030吨油当量/万美元，同期中国也高于巴西、法国、印度等国家。另外根据王庆一[4]的测算，中国2007年的能源效率仅相当于欧洲20世纪90年代初的水平、日本1975年的水平。此外，不同能源品种具有不同的利用效率，在一次能源品种中，煤炭、原油、天然气和电的利用效率分别约为27%、50%、57%、85%[5]，这说明煤炭和原油在一次能源消费中所占比重越大，能源利用效率就越低。因此，中国目前以煤炭为主的能源消费结构决定了能源利用效率不高，而能源利用效率低下不仅造成了能源浪费，还引发了环境污染的问题。

表1.2 2003～2008年世界主要国家单位GDP能耗(单位：吨油当量/万美元)

国家	2003年	2004年	2005年	2006年	2007年	2008年
美国	2.090	2.000	1.880	1.760	1.710	1.620
巴西	3.630	3.130	2.430	1.870	1.640	1.410
法国	1.440	1.270	1.220	1.150	0.990	0.900
英国	1.230	1.050	1.010	0.940	0.780	0.800
中国	7.460	7.380	7.040	6.420	5.670	4.630
日本	1.200	1.130	1.150	1.180	1.170	1.030
印度	5.190	4.990	4.480	4.190	3.600	3.560

资料来源：《2010世界新兴产业发展报告》

1.1.3 节能减排是解决中国能源和环境问题的根本途径

在我国经济快速增长和工业化进程加快的同时，能源消费持续增长带来一系列环境问题。从我国的现实情况来看，节能减排是解决我国能源和环境问题的根本途径。节能减排的实质是节约物质资源和能量资源，并减少废弃物和环境有害物(包含三废和噪声等)的排放①。节约能源(简称节能)(energy conservation)体现在能源生产到消费的各个环节，可以通过采取技术上和经济上合理、环境与社会可以承受的措施，从源头上减少能源消耗，提高对污染物的回收利用，从而实现降低能耗、减少损失与污染物排放、制止浪费，达到有效、合理地利用能源的目的。节能的本质是提高能源效率，实现低投入高产出的经济增长。此外，提高能源效率有利于我国现行能源消费结构的优化，从短期来看，我国以煤炭为主的能源消费结构难以改变，需要继续开发煤炭高效利用技术提高煤炭的利用效率；从长期来看，新能源和可再生能源的发展加速能源结构的升级换代，这两方面在优化能源消费结构的同时，也能够起到降低碳排放的作用。

为解决能源和环境问题，我国政府开展了节能减排的研究和实践，把建设“资源节约型和环境友好型社会”放在突出位置，制定了一系列节能、提高能效的政策。《中华人民共和国国民经济和社会发展第十一个五年规划纲要》明确指出要建立“资源节约型、环境友好型社会”，首次将节能减排列入规划纲要，并提出“十一五”时期万元 GDP 能耗降低 20%、主要污染物排放总量减少 10%的约束性指标。《国家中长期科学和技术发展规划纲要(2006—2020 年)》强调坚持节能优先，降低能耗，在能源 R&D、节能技术与清洁能源技术方面取得突破，主要工业产品单位能耗指标达到或接近世界先进水平。《节能中长期专项规划》提出了节能的指导思想，以大幅度提高能源利用效率为核心，通过能源的有效利用促进经济社会实现可持续发展。《中华人民共和国节约能源法》指出“节约资源是我国的基本国策。国家实施节约与开发并举、把节约放在首位的能源发展战略”。《中华人民共和国国民经济和社会发展第十二个五年规划纲要》仍然以节能减排为重点，指出“大幅度降低能源消耗强度和二氧化碳排放强度，有效控制温室气体排放”，“加快低碳技术研发应用，控制工业、建筑、交通和农业等领域温室气体排放”，“坚持减缓和适应气候变化并重，充分发挥技术进步的作用”。

1.1.4　中国实现节能减排面临技术挑战

纵观相关研究，国内外学者普遍认为加快技术进步能够提高能源利用效率，在应对未来温室气体排放和气候变化的诸多因素中，技术将发挥更为重要的作用，技术创新是实现节能减排的关键途径[6]。我国政府在各项政策中也强调技术创新的作用，党的“十七大”报告中明确指出“注重提高自主创新能力、提高节能环保水平”；《节能中长期专项规划》提出了“开发和推广应用先进高效的能源节约和替代技术、综合利用技术及新能源和可再生能源利用技术”。在多项政策的推动下，政府加大了 R&D 投入，并取得了大量的技术创新成果，2010 年专利申

① 具体可参考 http://baike.baidu.com/view/981515.htm。

请量比2000年增加了6.161倍，近十几年来我国技术专利申请量呈现明显上升趋势①。

虽然近二十年来中国技术创新水平有所提升，但目前在自主创新和国际技术转让方面都存在问题，这使我国实现节能减排面临着技术挑战。首先，与发达国家相比，我国的自主创新水平还比较低。中国R&D投入占GDP的比重一直不高，2000年比重为1.0%，2007年上升到1.4%，2010年上升到1.76%，但仍落后于2007年世界平均水平的2.07%，与美国和日本等发达国家相比差距更大，美国在2007年的R&D强度为2.72%，日本2007年为3.44%②。发达国家较高的R&D强度带来较高的技术创新水平，尤其在节能减排技术方面具有优势。而中国R&D投入不足，尤其是节能减排技术方面的R&D投入较少，这是中国能源效率低下的一个重要原因[7]。其次，国际上先进的环境友好型技术向发展中国家转移存在诸多障碍[8,9]。清洁发展机制(clean development mechanism，CDM)在实践中暴露出了一些问题，研究表明CDM项目的技术转让率较低[10,11]，即使技术转让发生，核心技术转让也很少涉及[12]，这直接导致了全球减排效果不理想。中国现有CDM项目虽然数量与日俱增，但几乎所有CDM项目都更加注重资金往来，没有关注清洁生产技术。虽然企业能够从中获得资金回报，但这些资金不见得用于节能减排技术的创新与应用，导致CDM项目难以提高企业自身的节能减排能力。大多数企业仅把污染排放权以较低价格卖给发达国家，短期来看，交易双方在节能减排方面实现共赢，但长期来看，CDM对中国节能减排的促进作用难以持续[13,14]。

从上述分析可知，我国不合理的能源消费结构、能效低下等问题将会导致高能耗和高排放更加突出，节能减排是解决我国能源和环境问题的根本途径。技术进步在实现节能减排方面扮演着重要的角色，新能源和可再生能源技术的开发与应用，无疑会有助于改变高能耗、高排放和低效益的社会经济发展模式，有利于缓解经济增长和资源环境之间的尖锐矛盾。我国依靠技术进步来推动节能减排，一方面必须要增强自主创新能力，另一方面还要积极引进国外的先进技术与设备。目前来看，发达国家的先进节能减排技术向我国转移的转移率低[15]，在转移过程中难以获得核心高效节能技术[16,17]，依靠引进国外的先进技术与设备实现我国节能减排的目标是不现实的，我国必须要致力于提高自身的技术创新能力。因此，本书立足于国内能源技术创新(energy technology innovation，ETI)展开一系列研究，而相关政策的制定为提升我国能源技术创新水平和实现节能减排目标提供了重要契机，研究我国能源技术创新对节能减排

① 数据来源：《中国统计年鉴》(2011年)。
② 数据来源：《世界经济年鉴》(2011～2012年)。

的影响已经成为“十二五”期间乃至未来更长时期内实现节能减目标的不可回避的重要课题。

1.2 研究意义

1.2.1 理论意义

探讨能源技术创新对节能减排的影响对丰富能源技术创新理论体系具有重要的学术价值。IPCC在2001年第三次评价报告中指出在应对未来温室气体排放及其可能的气候变化的诸多因素中，技术将发挥比其他所有驱动因素总和更为重要的作用。依托技术进步推动节能减排已得到学者的普遍认同，能源技术创新在许多发达国家受到普遍重视并成为当前研究热点。目前，国内外针对能源技术研究，尤其是能源技术专利是否会影响能源效率、碳排放、碳排放强度及影响程度等一系列问题还缺乏理论与实证的研究。国内对该领域的研究仅处于国外研究成果的援引与介绍阶段，对该领域所涉及的深层次问题的研究才刚刚起步。本书以我国“十二五”期间实现节能减排目标为契机，基于能源技术创新产出的视角，从全国、地区及工业等角度剖析能源技术专利对能源效率、碳排放及碳排放强度的影响，并探讨推动我国节能减排的能源技术创新政策，弥补了以往研究中只关注技术进步或R&D投入对能源效率和碳排放影响的不足，对丰富符合我国特点的能源技术创新理论具有重要的创新价值。

1.2.2 现实意义

我国能源利用效率偏低，煤炭等化石能源的大量消耗引发了一系列环境问题。随着我国经济的快速增长和工业化进程的推进，我国对能源消费的需求日益迫切，碳排放量也相应增加。面对国际减排压力，我国在2009年哥本哈根气候变化会议上承诺到2020年我国单位GDP CO_2 排放比2005年下降40%～45%。《中华人民共和国国民经济和社会发展第十二个五年规划纲要》提出，到2015年单位GDP CO_2 排放比2010年下降17%，单位GDP能耗比2010年下降16%，非化石能源占一次能源消费的比重达到11.4%。据研究分析，技术进步对节能贡献率达到40%～60%。要实现上述目标，必须依靠技术进步。

能源技术创新注重能效技术及新能源和可再生能源技术的发展，以低能耗、低污染、低排放或无排放为特征，涉及有效控制温室气体排放的新技术，其发展有利于缓解日益恶化的环境污染问题。从目前来看，发达国家先进的节能减排技术向我国转移率低，即使转移发生也不能直接为我国所用。因此，必须不断增强在能源领域的自主创新能力，以推动我国能源技术的发展。近二十几年来我国政府制定了一系列政策措施，致力于提高能源技术创新水平，进而推动节能减排，如加大能源技术R&D投入等，相应能源技术产出成果(如专利)也大幅增长，那么我国的能源技术是否促进了节能减排呢？我国不同地区、不同行业间经济发展水平和技术发展水平存在比较大的差异，能源禀赋也不相同，使能源利用效率和碳排放也存在比较大的差异，那么，我国的能源技术对不同地区和不同行业的节能减排效果是否有差异呢？本书基于能源技术创新产出的角度，从全国、地区和工业角度研究我国能源技术专利对能源效率与碳排放的影响，对提高我国能源利用效率、完成“十二五”乃至更长期的减排目标、缓解能源对经济社会发展的约束和限制，都具有非常重要的现实意义。

总之，结合我国“十二五”期间及中长期节能减排的目标，探讨能源技术创新对节能减排的影响及如何通过能源技术创新推动节能减排，不管在理论方面还是在实践方面都具有重要的研究价值和意义。

1.3　概念界定

1.3.1　技术进步、技术创新、专利

(1)技术进步与技术创新。技术进步泛指为实现一定的目标，通过对原有技术的研究、发明、开发、创新，开发出新的技术来代替原有的技术，从而达到应用的目的[7]。技术进步包括狭义和广义两层含义，狭义上的技术进步，主要是指生产工艺、中间投入品和制造技能等方面的革新与改进，仅指科技创新；广义上的技术进步是指技术所涵盖的各种形式知识的积累与改进，含有科技创新、管理创新、制度创新等。英国经济学家Hicks指出：根据发明对资本边际生产力与劳动边际生产力的影响，技术进步分为节约资本型技术进步、中性技术进步和节约劳动型技术进步三种类型。节约资本型技术进步表现为技术进步对资本边际生产力的提高小于对劳动边际生产力的提高；节约劳动型技术进步表现为技术进步对资本边际生产力的提高大于对劳动边际生产力的提高；中性技术进步表现为技术进步对资本和劳动的边际生产力的增加程度相同。基于技术是否体现资本设备的角度，把技术进步分为物化性技术进步与非物化性技术进步，若技术隐含于产品中并通过使用这些产品提高生产率，进而实现技术扩散则称为物化性技术进步；通过专利、著作、期刊等形式的技术进步则称为非物化性技术进步。

熊彼特是第一个系统、完整地描述技术创新理论的学者，他认为创新包括五

个方面，即产品创新、工艺创新、市场创新、资源开发利用创新、体制和管理创新。随着科学技术的突飞猛进，理论界对技术创新加以深入研究。表 1.3 给出了国内外学者对技术创新概念的分析，发现不同定义表述之间的主要分歧在于对"技术"变动强度和技术创新所包括内容的限定，目前，国际上仍未对此达成统一意见。本书的研究对象是能源领域，目的是研究能源技术创新对节能减排的影响。只有把能源技术真正地引进市场或为社会所用，才能发挥能源技术在节能减排中的作用。因此，应把市场实现程度和获得商业利益作为检测创新程度的最终标准，没有进入市场、没有获得商业利益的新技术不能称为技术创新。考虑到能源行业创新行为的紧迫性、创新内容的多样性和特殊性，本书倾向于采用董景荣对技术创新的定义。

表 1.3　不同学者对技术创新概念的定义

学者	主要观点
Freeman[18]	第一次引进的新产品或新工艺中包含的技术、设计、生产、财政、管理和市场
Stoneman 和 Karshenas[19]	首次将科学发明或研究成果进行开发，并最后通过销售而创造利润的过程
柳卸林[20]	一个从思想的产生，到产品设计、试制、生产、营销和市场化的一系列活动，其实质是新技术的产生和应用
傅家骥[21]	狭义技术创新是指始于研究开发而终于市场实现的技术创新，广义技术创新则是指始于发明创造而终于技术扩散的技术创新
史世鹏[22]	狭义技术创新是指新技术产品的开始、演进和开发；广义技术创新由狭义技术创新、创新商业化、高技术产品扩散三个功能和商流、物流与信息流三个支柱及高技术产品、高技术体制和高技术意识三个要素构成
董景荣[23]	企业以市场为导向，以提高企业市场竞争力与企业经济效益为目标，由新想法的出现、R&D、中间试验、商业化生产、产品扩散等环节构成，为了市场成功而实现的技术经济活动的综合过程

技术进步与技术创新两个概念既相互联系又相互区别。技术进步一般是指能够提高生产效率的技术因素，包括科学技术的采用和生产组织的变革；而技术创新是新产品、新过程、新方法、新材料或新系统首次在经济活动中的采用[24]。技术创新是技术进步的发展，是技术进步与应用创新双螺旋结构共同作用催生的产物。只有实现技术进步与应用创新的良性互动，才能全面推动技术创新。在技术进步的前提下，技术创新活动所需各方面条件的不断完备，使创新得以实现；反过来，创新的实现又不断推动技术进步，从而实现生产力发展水平和经济效益提高的目的。

(2)技术创新与专利。由于技术创新是一种无形变量，人们无法直接进行度量。现有文献主要基于以下四种方式间接地度量技术创新：第一种选择 R&D 支出、财政科技支出与科研人员投入等指标；第二种选择专利申请数或专利授权数等指标；第三种是技术的影响，如全要素生产率；第四种选取产权制度及行业集中度等指标来评价技术创新。

专利是技术创新活动中重要的创新成果指标，是技术水平的最直接体现，在技术创新活动和经济发展中具有重要影响。专利是发明人依法对审查合格的发明创造享有的专有权[25]。专利一方面具有知识产权的专用性、无形性、时间性和地域性特点，另一方面也具有新颖性、创造性和实用性等特点。由于专利反映了拥有自主知识产权的成果情况，其计量一般用专利申请数和专利授权数进行统计。

技术创新和专利制度的关系是相互促进、共同发展的，两者之间双向互动并有效地促进了彼此共同发展。如图 1.1 所示，技术创新和专利活动之间存在双效联动关系[26]。一方面，技术创新对专利保护制度的作用表现如下：首先，专利保护制度随着技术创新的发展逐步确立起来，技术创新是建立专利保护制度的动力源泉，技术创新活动是专利战略运用的前提。其次，随着社会的发展，技术创新水平逐渐呈现螺旋式上升趋势，专利权的授予范围由于创新门类的增加也越来越广，技术创新拓宽了专利权的类型与保护范围。另一方面，专利制度对技术创新的规范引导作用表现如下：第一，专利保护加快了企业的智力开发，为企业技术创新成果形成市场优势提供保障，从而推动技术创新的发展。第二，技术创新的风险来源于多个方面，专利保护制度只保护合法的技术创新行为，能够有效地帮助技术创新及其智力成果规避市场风险。第三，专利保护制度与技术创新活动息息相关，对技术创新的激励和驱动作用涉及技术创新的各个环节，专利制度在基础研究、应用研究、开发研究和技术推广四个阶段均起到了保护作用。此外，专利制度不断激励专利权人将其成果进行有效的实施，从而加快技术创新的进程。第四，专利制度在发挥市场驱动作用的同时，也能够有效防止过度竞争，从而使专利战略能够确保技术创新资源的优化配置。第五，技术创新发展的关键是产学研之间的合作共融，专利制度能够加强技术创新主体间的合作。

从长远来看，技术创新决定了专利制度的发展方向，促进了专利制度不断迈向新领域。同时，技术创新的发展也需要专利制度的制约和激励，而专利制度又为技术创新的发展不断完善保护措施。因此，建立良好的能源技术创新与专利制度双效联动机制，对能源技术能够充分发挥其节能减排的作用是十分重要的。

1.3.2　能源技术创新

能源领域的技术创新具有双重作用：一方面可以降低能源的使用成本和风险，扩大能源的供应；另一方面可以增加能源的利用效率，减少能源排放对环境的负面影响。

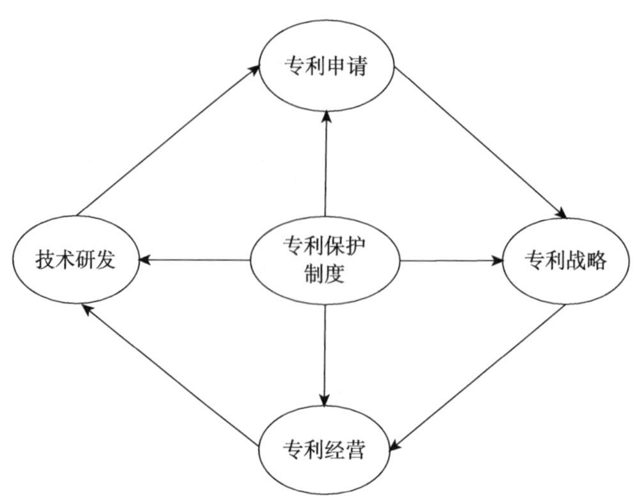

图 1.1 技术创新和专利活动的双效联动关系

资料来源：荆滕霄．技术创新与专利保护制度的双效机制研究．渤海大学硕士学位论文，2012

Sagar[27]认为能源技术包括初始能源技术和二级能源技术，初始能源技术是指初始资源从勘探、采集、运输，到经过后期加工处理转换成为能直接使用的能源(如燃烧煤或者是木头获取的热能)技术；而二级能源技术是指便利终端使用的能源(如汽油、电)技术，也包括二级能源转换能源服务的技术(如电力照明、电器、电力和汽油对机动车辆的驱动等)。在此基础上，他提出并明确定义了能源技术创新的概念，即能源技术创新是指新的替代能源技术的研究和开发，包括现有能源技术的改进并使新能源技术得到实际广泛的商业应用。随后，其他学者也对能源技术创新概念进行了界定。Sagar 和 Gallagher[28]认为能源技术创新涉及能源勘探、开采、储存、运输、加工及使用技术的方方面面，是导致新能源技术和能源技术改进的一系列工艺的集合。通过能源技术创新能够提高能源服务的质量，减少与能源供给和使用相关的经济、环境和政治成本。魏晓平和史历仙[29]认为能源产业技术创新是指能源产业新设想、新发明产生的过程和新设想、新发明转变成提高能源产量的新方案、节约投资和生产成本的新工艺、增加收益的新产品和新服务的转化过程。

根据国内外学者关于能源技术创新的阐述，本书倾向于采用 Sagar[27]对能源技术创新的定义，认为其应具备以下四个方面的特点：第一，能源技术创新应该是一个经济学概念，把科技新思想转变成增加能源储量或产量的新技术、节约投资和生产成本的新工艺、新产品或新服务。第二，能源技术创新应该是一个成功应用的市场概念，把生产成功应用而获得商业利益作为检测创新程度的最终标准。第三，能源技术创新包括了 R&D、资金投入技术创新生产组织、规模生产、成功应用和获得经济效益五个重要的环节，是一项系统工程。第四，从能源技术创新的表现形式来看，可以表现为根本性创新，如水能、风能、氢能、核能、太阳能及生物质能等；也可表现为渐进性创新，即对原有技术的改进突破，如洁净煤技术、碳捕获和封存技术(carbon capture and storage, CCS)等。

1.3.3　节能减排

在能源危机的背景下，西方国家于20世纪70年代后纷纷提出节能这一概念。世界能源委员会在1979年首先提出了"节能"的概念，其定义为"采取技术上可行、经济上合理、环境与社会可接受的一切措施，来提高能源资源的利用效率"。1991年全国能源基础与管理标准化技术委员会在《能源基础术语》中指出"节能"是"用科学管理与采用先进技术的方法，在使用能源的各个环节提高能源的有效利用程度"。《能源大百科全书》认为"节能"是"在不降低生活水平的前提下通过改变技术和政策来减少能源消耗，它是一种科学用能方式"。《中华人民共和国节约能源法》所称的节能是指"加强用能管理，采取技术上可行、经济上合理以及环境与社会可以承受的措施，从能源生产到消费的各个环节，降低消耗、减少损失与污染物排放、制止浪费，有效、合理地利用能源"。《中华人民共和国节约能源法》认为可以采取经济、法律、行政等多种手段，在能源开采、加工、转换、输送、分配到终端利用的每个环节中实现节能。

节能分为广义节能和狭义节能两种，狭义节能是指"节约煤炭、石油、电力、天然气等能源，节能在从能源资源的开发、输送与转换(电力、蒸气、煤气等)或加工(各种成品油、副产煤气为二次能源)，到用户消费过程中的各个环节，都有具体工作去做"①；广义节能是指"除狭义节能内容之外的节能方法，如节约原材料消耗，提高产品质量、提高劳动生产率、减少人力消耗、提高能源利用效率等"①。

世界经济的快速增长造成了各国对能源需求的快速增长，随着能源稀缺性的加剧，人们开始关注和研究能源要素的生产效率，强调通过技术进步来提高能源使用效率。因此，"节能"的内涵逐渐发生了转变，逐渐被"能源效率"所代替。1995年世界能源委员会认为"能源效率"是指"减少提供同等能源服务的能源投入"。1996年美国学者Patterson[30]提出，"能源效率是指使用较少的能源可以提供相同的活动或服务"。1997年Bosseboeuf等[31]最早给出了能源效率详细的定义，认为经济上的能源效率是指"用相同或更少的能源得到更多产出或更好的生活质量"，技术经济上的能源效率是指"由于技术进步和生活方式的改变及管理的

① 资料可参考 http：//baike. baidu. com。

改善等，导致特定能源使用的减少”。2002 年史丹[32]把能源效率分成能源技术效率与能源经济效率，认为能源技术效率由生产设备、生产工艺及生产技术等方面决定，而能源经济效率则受经济发展水平、产业结构、经济体制及对外开放等经济因素的影响。

目前，国际上普遍用“能源效率”替代 20 世纪 70 年代能源危机后提出的“节能”一词。节能与改善能源效率在概念上基本是一致的，但略有差别，魏一鸣等[33]认为能源效率的含义更宽泛一些。早期节能的目的是通过节约和缩减能源来应付能源危机，因此，节能侧重于减少能源消耗，有实物含义或者物理含义。能源效率侧重于能源服务，强调通过技术进步提高能源利用率，目的是增加效益、保护环境，有经济含义或者社会效益。在很多文献或政府政策文件中，“提高能源效率”和“节能”混合使用，不进行区分。因此，本书中也不对所涉及的节能和能源效率两个术语进行区分。

在快速增长的能源消耗和过高的石油对外依存度背景下，我国政府在《中华人民共和国国民经济和社会发展第十一个五年规划纲要》中指出“十一五”期间单位 GDP 能耗降低 20％左右、主要污染物排放总量减少 10％，这两个指标结合在一起，就是“节能减排”。节能减排就是节能、降低能源消耗、减少污染物排放[34]。节能减排有广义和狭义之分，广义节能减排是指节约物质资源和能量资源，减少废弃物和环境有害物排放，而狭义节能减排是指节能和减少环境有害物排放①。节能减排包括节能和减排两大技术领域，二者既有联系，也有区别。一般来说，节能必定减排，但减排未必节能，所以减排项目必须加强节能技术应用，以避免因片面追求减排效果而造成能耗激增②。

1.4 研究内容与研究思路

1.4.1 研究内容

本书在综合分析国内外能源技术创新、能源效率影响因素和碳排放影响因素等相关文献的基础上，系统研究能源技术创新等因素对能源效率和碳排放的作用机制；在此基础上，研究我国能源技术创新对省际和工业全要素能源效率(total factor energy efficiency，TFEE)的影响，从全国层面探讨我国能源技术创新与

① 资料来源：http://baike.baidu.com/view/981515.htm。

② 资料来源：http://baike.baidu.com/view/981515.htm；http://www.chinajnjpw.com；http://www.jnjpw.cn。

碳排放的长期均衡与动态关系，并考察化石能源和无碳能源技术创新对省际碳排放影响的差异；最后根据实证研究结果，提出有助于提升我国能源效率、降低碳排放的能源技术政策。本书在结构上共分8章对研究内容进行阐述，具体安排如下。

第1章：绪论。首先提出要研究的问题，其次介绍研究意义、概念界定、研究内容与思路、研究方法和技术路线。

第2章：文献综述。对有关能源技术创新对节能减排影响的理论与实证研究成果进行综述，总结现有研究成果的不足。具体包括能源技术创新理论研究进展、能源效率的测度方法及影响因素、碳排放的估算方法及影响因素。

第3章：能源技术创新对节能减排影响的理论分析。首先分析能源效率影响因素之间的逻辑关系，深入探讨能源技术创新及其他因素对能源效率的作用机制；其次分析碳排放影响因素之间的逻辑关系，进而研究能源技术创新及其他因素对碳排放的作用机制。

第4章：能源技术创新对省际全要素能源效率的影响。首先分析我国和不同地区能源消费现状，其次利用DEA模型测算省际全要素能源效率，再次对我国不同省市的能源技术专利进行测算，最后根据面板随机效应Tobit模型研究我国能源技术创新对全国和东部、中部、西部地区全要素能源效率的影响及存在的差异。

第5章：能源技术创新对工业全要素能源效率的影响。在进行工业能源消费比较的基础上，利用DEA模型测算省际工业和全国重工业与轻工业的全要素能源效率，运用Tobit模型，研究我国能源技术创新对省际工业、全国重工业与轻工业全要素能源效率的影响及存在的差异。

第6章：能源技术创新与碳排放的长期均衡与动态关系。在对全国碳排放进行国际比较的基础上，运用VAR模型和VECM从全国角度研究我国能源技术创新与CO_2排放量、能源技术创新与CO_2排放强度的长期均衡与动态关系。

第7章：能源技术创新对省际碳排放的影响。首先，基于IPCC碳排放系数法测算我国省际碳排放量并进行比较研究；其次，考虑不同能源技术对碳排放的影响差异，界定化石能源技术和无碳能源技术，并对两类技术专利进行测算。在此基础上，运用动态面板数据方法研究两类能源技术专利对我国东部、中部、西部地区CO_2排放的影响差异。

第8章：结论与展望。在归纳主要研究结论的基础上，提炼本书的主要创新点，提出推动节能减排的政策建议，并指出研究中的不足和展望。

1.4.2 研究思路

本书研究我国能源技术创新对节能减排的影响，在逻辑上可分为三个阶段：第一，在进行实证分析之前，从理论上研究能源效率影响因素之间的逻辑关系和碳排放影响因素之间的逻辑关系，进而揭示能源技术创新及其他因素对能源效率和碳排放的作用机制；第二，分别从省际和工业两个层面，研究我国能源技术创新对省际和工业全要素能源效率的影响；第三，从国家层面研究我国能源技术创新与碳排放量、能源技术创新与碳排放强度之间的长期均衡和动态关系，基于化石能源和无碳能源技术减排效果的差异，从省际角度研究我国两类能源技术创新对不同地区碳排放影响的差异。

1.5 研究方法与技术路线

1.5.1 研究方法

本书以实证研究为主，研究方法或模型如下。

(1)DEA 模型。基于投入导向的规模报酬不变(constant returns to scale, CRS)的 DEA 模型，测算省际全要素能源效率、省际工业全要素能源效率、全国层面的重工业和轻工业全要素能源效率。

(2)Tobit 模型。利用面板随机效应 Tobit 模型研究我国能源技术创新对省际和省际工业全要素能源效率的影响；同时，应用 Tobit 模型研究我国能源技术创新对全国重工业和轻工业全要素能源效率的影响。

(3)VAR 和 VECM 模型。运用 VAR 和 VECM 模型研究我国能源技术创新与 CO_2排放量、能源技术创新与 CO_2排放强度之间的长期均衡和动态关系。

(4)动态面板数据方法。采用面板单位根检验、面板协整检验和面板因果检验来研究我国化石能源和无碳能源技术创新对省际碳排放的影响差异。

1.5.2 技术路线

本书的主要目的是研究我国能源技术创新对节能减排的影响，从而为节能减排政策的制定提供决策依据。技术路线如图 1.2 所示。

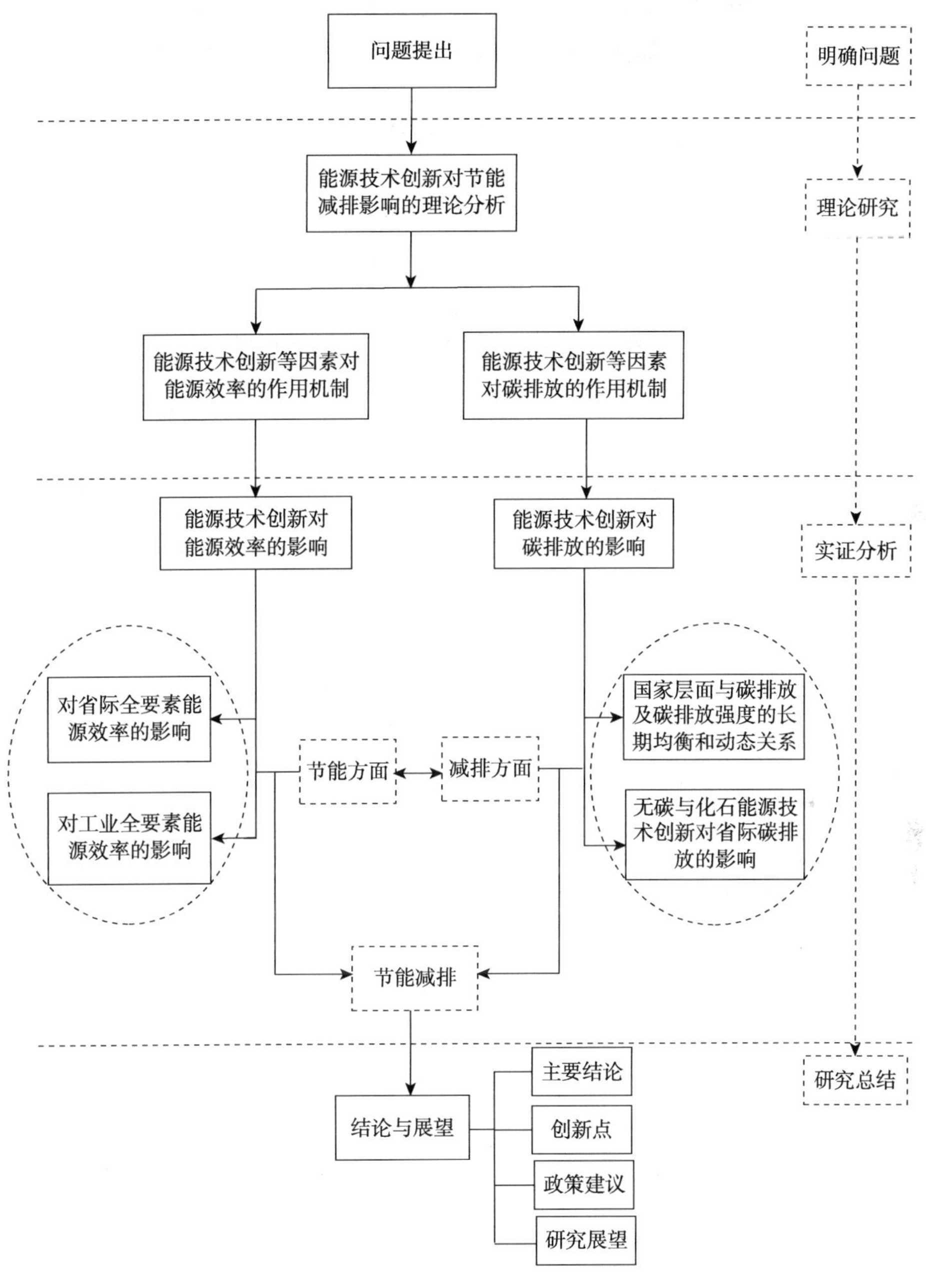

图 1.2　技术路线

首先，提出本书研究的主要问题及研究意义。其次，在文献综述的基础上，建立本书研究的理论基础与框架，分析能源效率影响因素之间的逻辑关系和碳排放影响因素之间的逻辑关系，揭示能源技术创新等因素对能源效率和碳排放的作用机制，为后续章节的实证分析提供理论基础。再次，运用实证方法研究能源技术创新对节能减排的影响，一方面从省际和工业两个角度探讨我国能源技术创新对全要素能源效率的影响，反映了能源技术创新的节能效果；另一方面，从全国层面研究我国能源技术创新与碳排放量、能源技术创新与碳排放强度之间的长期均衡与动态关系，从省际层面研究我国化石能源和无碳能源技术创新对碳排放的影响差异，反映了能源技术创新的减排效果；能源技术创新的节能作用与减排作用是相互关联的，节能必定减排，而减排项目必须加强节能技术应用。最后，基于上述理论分析和实证研究结果提出推动我国节能减排的能源技术政策。

第2章　文献综述

随着全球变暖和环境日趋恶化，政府和学者越来越重视技术创新对提高能源效率、降低碳排放的作用。而能源技术创新在节能减排方面发挥作用，受到诸多因素的影响。关于我国能源技术创新对节能减排影响的研究基础理论主要涉及三个方面，即能源技术创新、能源效率与碳排放。本章将这三个方面的理论进行重点回顾和梳理，为以后章节研究奠定理论基础。

2.1　能源技术创新理论研究进展

能源技术创新是技术创新理论中一个细化的理论分支与概念延伸，基于技术创新生命周期的特点，在早期能源技术创新理论研究的基础上，学者们从能源技术创新过程、能源技术创新研发与专利、能源技术创新组织形式以及能源技术创新政策等角度展开了深入研究。

2.1.1　早期能源技术创新理论

20 世纪 90 年代爆发的第三次石油危机，可以视为能源技术创新理论研究的标志性事件。面对石油危机和资源环境问题，许多研究认为当时是发展可再生能源和低碳化石能源技术的关键时刻，而这些技术在满足未来能源供应和环境需求方面将是至关重要的[35]。与此同时，学者们也普遍认为能源技术在应对气候变化方面将发挥核心作用[36]。

早期研究从能源相关的 R&D 方面考察能源创新能力，奠定了能源技术创新的基础。美国普林斯顿大学的 Margolis 是早期能源技术创新理论的主要研究代表，他在 1999 年 *Evidence of Underinvestment in Energy R&D in the United States and the Impact of Federal Policy* 研究中发现美国的能源技术 R&D 投资下降了，并且能源部门的研发强度与其他部门相比非常低，能源 R&D 投资的削减降低了能源部门的创新能力，将使其在未来进行清洁能源技术选择和应对全球气候变化方面面临着挑战。而在 20 世纪 90 年代末期，美国成为全球温室气体排放量最大的国家，为了应对未来环境变化带来的挑战，Margolis 认为政府应当在能源技术研发、相关的人力和机构建设方面加大投资。

随后，有些学者对能源领域技术创新活动的诱导因素和创新政策进行了初步的研究。2001 年 Popp[37]考察了 13 个产业专利数据对能源消费的影响，认为从长期来看诱导创新对能源消费的影响比价格对能源消费的影响更重要，原因在于诱导创新需要花费很长时间才能在产业间完成扩散，而高价格的影响只需要几年时间就能完成。2002 年 Popp[38]利用 1970～1994 年美国专利数据估计能源价格对节能创新的影响，结果发现能源价格和现有知识的质量对创新有显著的正向影响。2002 年 Norberg-Bohm[39]等发现 R&D 投入和新市场会影响能源领域的技术创新开发和扩散，从而提出了能源领域的诱导性创新理论。2002 年 Margolis[40]以美国太阳能光伏发电产业为案例，考察了能源部门技术创新的各个方面，认为能源技术变迁有利于规范能源行业的发展轨道，并且提出了有利于弱化政府主导地位的供给-需求双边政策。Sagar 和 Holdren[41]指出 20 世纪 90 年代末大多数研究只关注发达国家能源 R&D 水平，认为 R&D 成果在实际环境中进行示范、推广，实现跨区域和跨国家扩散也是至关重要的。

总之，在早期能源技术创新理论中，研究普遍认为技术创新在能源部门发挥了核心作用。但是，早期的研究主要集中在发达国家能源技术 R&D 方面。随着全球环境问题的日趋突出和能源技术的发展，政府和学者们意识到应对全球和国内气候变化需要充足的低成本能源服务，这无疑需要进一步延伸能源技术创新的研究内容(包括研究、开发、示范和部署等方面)。

2.1.2 能源技术创新理论的发展

在早期能源技术创新理论研究的基础上，为了推动能源技术在节能减排方面发挥作用，政府和学术界加快了对能源技术创新理论的研究。具体地，在能源技术创新过程、能源技术创新的组织形式、能源技术创新政策、能源技术 R&D 与专利(能源技术创新的衡量指标)等方面展开了深入的研究。

第一，能源技术创新过程。国内外学者克服了早期能源技术创新理论仅关注能源技术 R&D 阶段的不足，结合技术创新生命周期的特点，将技术创新过程拓展到一个更广义的范围进行研究。Margolis[40]较早地考察了美国太阳能光伏发电产业的技术创新过程，认为该过程是双向交叉链式过程，创新主体和创新政策之间互相作用、相互影响。Dieperink 等[42]把荷兰工业节能和建筑环境技术从发明到成熟划分为 R&D、示范、试运行、政府支持的商业化和完全商业化五个阶段。Foxon 等[43]分析了英国六个新能源和可再生能源技术部门，研究这些技术在缝隙市场中如何实现从基础 R&D 到完整商业化。Sagar 和 Gallagher[28]将能源技术创新过程细化为基础研究、应用研究、技术发展、商业推广以及技术扩散五个交叉链式过程。Jagoda 等[44]选择了 Calgary，Alberta 作为案例，研究加拿大太阳能技术的研究、开发、市场引入和发展、扩散整个技术创新系统框架。从国内研究来看，苏竣等[45]将我国可再生能源技术的发展阶段划分为研究、试点示范、早期商业化和成熟商业化四个阶段，认为不同的可再生能源技术处于不同发展阶段。Ru 等[46]认为中国风力涡轮机行业创新模式经历了早期政策推行 R&D、基于技术引进的模仿创新、基于协同设计和联合经营的合作创新、基于企业国际化和 R&D 全球化的自主创新四个阶段。苏竣和张汉威[47]基于新能源技术创新的规律，认为应将 R&D 拓展为 R&3D(研究、开发、示范、推广)，而示范和推广这两个阶段尤为关键，是解决“基础设施悖论”、跨越“死亡之谷”与“达尔文之海”的有效途径。

第二，能源技术研发和专利的相关研究。国内外关于能源技术 R&D 的研究主要集中在能源研发的影响因素、能源研发对创新系统的影响与作用等方面。据国际能源署(International Energy Agency，IEA)1997 年发布的统计数据表明，能源 R&D 费用受到能源价格的影响。Margolis 和 Kammen[48]认为一个国家能源 R&D 投资的下降可能对该国能源部门、经济和环境健康有长期的负向影响。Sagar 等[49]研究了能源部门技术创新的研发、配置和干中学，发现增加新能源技术的投入对能源系统研发活动的影响最大。Jamasb 和 Pollitt[50]利用 R&D 数据研究英国电力部门自由化和创新的关系，结果发现大多数的电力改革对该领域的 R&D 产生负面影响。Kimura[51]研究了日本高效能源技术公共 R&D 和扩散经验，发现公共 R&D 投资具有失败的高风险。Garrone 和 Grilli[52]选择 1980～2004 年 13 个先进经济体的数据，研究能源 R&D 公共支出和单位 GDP 碳排放之间的因果联系。Popp 和 Newell[53]采用美国产业和公司层面数据研究能源 R&D 的来源及挤出效应。

许多学者运用能源领域专利数据研究创新活动与能源环境的关系、可再生能源技术创新及能源技术的转移和扩散情况。Margolis 和 Kammen[48]探讨了化石能源技术专利、可再生能源技术专利与能源技术 R&D 的关系，认为能源技术 R&D 与能源技术专利高度相关。Nemet 和 Kammen[54]研究美国五种新兴能源技术(风能、太阳能、燃料电池、核聚变和核裂变)研发与专利的关系时也得出了相似的结论。Noailly 和 Batrakova[55]认为由于密集的专利活动荷兰在节能照明技术领域具有明显的比较优势，可设置专利目标促进建筑领域节能技术创新。Braun 等[56]运用 1978～2004 年经济合作与发展组织(Organization for Economic Co-operation and Development，OECD)21 个国家风能和太阳能专利数据研究可再生能源技术变化，发现创新强烈地受到知识溢出尤其是发生在国家层次的知识溢出的驱动。Popp 等[57]运用 1991～2004 年 OECD 26 个国家可再生能源技术专利数据评价可再生能源技术进步对投资的影响，发现技术进步确实导致了更多的投资，但影响比较小。Jamasb 和 pollitt[58]研究了英国电力部门改革对专利活动的影响，认为在后自由化期间电力部门的日趋商业化促进了非核能和可再生能源发电技术专利的增加。Haščič和 Johnstone[59]基于风能专利数据探讨了 CDM 和国际技术转移，发现技术转移的因素包括国内吸收能力和其他因素。Dechezleprêtre 等[15]对 13 种具有显著减排潜力技术的发明专利活动和国际技术转移与扩散情况进行了研究。

第三，能源技术创新组织。在能源技术创新生命周期的整个过程中，需要政府、市场和社会的共同参与才能保证技术扩散的成功。Margolis[40]在研究美国的太阳能光伏产业时，从供给推动和需求拉动两方面构建了政府、企业及其他参与者相互作用的能源技术创新网络框架。Dieperink 等[42]认为政府、市场、社会都会影响荷兰工业节能和建筑环境技术扩散整个决策过程。Foxon 等[43]构建了加拿大可再生能源技术开发和扩散的创新系统框架，认为在这个框架中包括政府和国际机构、公共机构和消费者、公民和利益集团等参与者，他们在可再生能源技术开发、商业化和扩散阶段扮演着重要的角色。Harborne 和 Hendry[60]研究了美国、欧洲、日本风能的商业化路径，发现从实验到示范推广有许多利益相关者卷入，当地政府、公用事业和运营商起到带头作用，而制造商却没起到主导作用。王婷[61]从政府、企业、其他参与者三个层次构建能源技术创新层次分析框架，进而分析不同层次参与者在能源技术创新网络中的作用。

2.1.3 能源技术创新政策

对政府在能源技术创新中的作用，学者们一般从能源领域的市场失灵和市场障碍角度进行论证[62]。由于市场失灵和市场障碍的存在，单纯依靠市场作用，很多能源技术创新可能在从实验室迈向商业应用的过程中夭折[63]。因此，国内外许多研究致力于探索能源技术创新政策，以充分发挥政府在能源技术创新中的调控作用。早期的双边政策是能源技术创新政策的典型代表。Margolis[40]提出了有利于弱化政府主导地位的供给-需求双边政策，需求拉动型政策旨在创造或扩大新技术市场，供给推动型政策旨在提高公司在技术创新方面的投资水平。Norberg-Bohm[39]发现能源行业在整个创新过程中存在市场失灵，导致了私人部门在新能源技术研究、开发和部署方面的投资不足，需要同时采取供给推动和需求拉动型政策支持能源行业的持续技术创新。Banales-Lopez 和 Norberg-Bohm[64]分析了美国电力中硫化燃烧技术发展过程中公共政策的角色，认为双边政策还不足以刺激能源使用部门对能源技术的持续需求，需要后期加强对不确定因素的项目评估。

在双边政策研究的基础上，国外许多学者对新能源和可再生能源领域的能源技术创新政策展开了深入的研究。Foxon 等[43]研究了提高英国新能源和可再生能源技术创新系统的政策，包括 R&D 支持、市场开发和资本补贴等金融激励方式。Taylor[65]通过研究加利福尼亚的太阳能技术创新的相关政策，发现除了采用技术推动政策和需求拉动政策外，界面政策也是必需的。Fischer 和 Newell[66]发现排放价格、排放绩效标准、化石能源税、可再生能源份额要求、可再生能源补贴、R&D 补贴对降低碳排放和推动可再生能源技术创新与扩散的效果是依次递减的，但最优投资组合策略比任何单一政策更能以较低的成本实现减排效果。Johnstone 等[67]利用 1978～2003 年 25 个国家的专利数据研究环境政策对风能、太阳能等八种可再生能源技术创新的影响，发现贸易能源证书等政策更容易诱发可再生能源技术创新与化石燃料技术竞争，而电价补贴对太阳能发电等成本更高的能源技术创新更有效。McCormick[68]利用诱发技术创新理论研究私人市场力量、影响价格和市场规模、促进 R&D 投资等公共政策对可再生能源技术创新的影响，结果发现市场导向政策对水电等成熟技术更有效，对风能和太阳能的影响则较小，R&D 导向政策对许多技术有效，但综合政策环境更有助于提高美国可再生能源创新。

此外，国外有些研究集中在建筑节能和其他清洁能源创新政策方面。Noailly 和 Batrakova[55]基于荷兰过去 30 年建筑节能专利数据研究技术创新与公共政策之间的关系，发现荷兰能源部门的建立、能源技术创新投入和相关能源立法促进了能源技术创新。Noailly[69]运用 1989～2004 年 7 个欧洲国家与建筑能效相关的专利数据，研究了建筑规范能源标准监管、能源税、政府能源 R&D 支出对技术创新的影响。Weyant[70]在研究政府干预温室气体减排动机的基础上，围绕不同动机设计了相应的政策工具，包括市场定价等市场化政策和 R&D 补贴、技术标准、技术示范和客户评价、信息项目、提供低成本的融资等非市场化政策。Olmos 等[71]认为大多清洁能源创新项目有比较大的资金缺口，公共贷款、股权投资、奖品和税收减免或退税等政策能以较低的公共成本成功地支持某些清洁能源技术创新过程。

有些文献集中在对中国能源技术创新政策的研究。刘高峡等[72]在研究了中国可再生能源技术创新障碍的基础上，提出了建立可再生能源创新体系的创新政策。苏竣等[45]分析了近年来中国鼓励风能技术创新的政策，包括立法、规划、政策、技术标准和重点项目。Tan[73]认为公共政策在促进清洁技术 R&D 和新兴国家创新方面发挥了主导作用，发现中国制定了一系列政策措施促进清洁技术的 R&D 和创新。Liu[74]研究中国税收政策在环境保护和节能减排技术方面所起的作用，认为进一步提高税收将会促进节能减排和自主创新。Zhang[75]在经济增长模型中引入内生和定向技术进步分析决策对环境技术 R&D 的影响，认为由于采用传统化石燃料的汽车技术相对成熟，企业不愿意从事节能技术创新，在新能源汽车产业发展的初始阶段，中国政府有必要制定支持性政策刺激汽车企业进行创新。Ru 等[46]认为公共政策是中国风能创新模式演化和市场发展的关键动力，政策包括构建技术创新的基础、鼓励技术转让或转移、提高当地的 R&D 和制造能力、扩大国内市场、培育一个全球竞争的开放环境和可持续发展的中国市场。

梳理现有文献发现能源技术创新理论经历了早期和发展两个阶段。在石油危机的背景下，早期研究主要集中在发达国家能源技术R&D方面。随着全球环境问题的日趋突出和能源技术的发展，如何发挥能源技术在节能减排中的作用越来越受到重视。因此，国外学者在能源技术创新过程、能源技术创新的组织形式、能源技术创新政策、能源技术R&D与专利等方面展开了深入研究，尤其在可再生能源领域的研究比较丰富，而中国仅处于这些理论的援引阶段。此外，许多文献从能源技术创新投入(R&D)和产出(专利)的角度对能源领域的创新活动展开了系统研究。在能源R&D方面，国外基于能源R&D数据动态地探讨能源R&D的影响因素、能源R&D对创新系统的影响与作用等，但影响结果会随研究样本、研究时段的不同而不同。在能源专利方面，国外多以具体技术或某些地域(如OECD国家)为切入点动态地分析其能源产业的专利状况；通过能源专利数据研究能源R&D与能源专利的关系、能源专利与能源环境的关系、可再生能源技术创新状况、能源技术创新政策的演变与作用、能源技术的转移和扩散情况等，研究结果也会随研究样本和研究时段的不同而变化。从现有文献可以看出，国外基于能源专利对新能源和可再生能源技术创新的研究比较丰富。而中国由于统计数据的缺失和收集的困难，学者们很少从能源R&D与能源专利的角度开展能源技术创新的研究。

2.2 能源效率的测度方法及影响因素

2.2.1 能源效率的测度方法

能源效率评价指标主要分为单要素能源效率和全要素能源效率，单要素能源效率只考虑能源投入与产出，而全要素能源效率则考虑多种投入要素之间的相互作用。

第一，单要素能源效率。Patterson[30]、魏楚和沈满洪[76]从物理热力学、经济热力学、经济学角度总结了能源效率的测度方法，将能源效率指标分为以下四类。热力学指标通过对投入和产出的热量测度得到能源效率值。物理-热量指标以热量单位计算能源投入，产出以物理单位测量，以此反映消费者终端使用服务的需求量。经济-热量指标以热力学单位衡量投入，以市场价格计算产出，该指标有“能源生产率”和“能源强度”两种表现形式，两者互为倒数。纯经济指标是指产出和能源投入都以市场价格来衡量的能源效率指标，用能源价值/GDP来表示。上述单要素能源效率指标虽然在计算上比较方便，但对于如何界定能源投入和产出却存在差异，这会导致测算结果的不一致。此外，由于采用了不同投入和产出定义，单要素能源效率指标是否真正度量了效率也值得推敲。

第二，全要素能源效率。全要素能源效率评价法来源于微观经济学上的全要素生产理论，其实质是通过实际效率与前沿效率的比值确定能源效率。全要素能源效率综合考虑了能源、资本、劳动力等生产要素之间的相互作用，弥补了单要素能源效率评价法仅考虑能源单一要素的缺陷，这使它成为衡量地区或行业能源状况的更好、更科学的指标。Farrell[77]提出了两种确定效率前沿的方法。一种是参数法，通常通过先验的Cobb-Douglas、常数替代弹性(constant elasticity of substitution，CES)生产函数来进行参数估计，将能源作为函数中的一项内生性生产要素进行计算，然后，运用计量分析法、收入份额法和随机前沿分析(stochastic frontier analysis，SFA)法等方法来估算能源生产效率或能源技术效率。目前，参数法中最为常用的一种是Fare等于1994年提出的SFA法。由于SFA方法尚不成熟，仅有少数学者采用该方法对我国不同地区的能源效率进行研究。另一种是非参数法，根据每个决策单元(decision making unit，DMU)与效率前沿的距离确定该DMU的能源效率，主要包含DEA法和指数法。诸多学者对这两种方法进行了研究与比较，发现DEA法较SFA法更优越。因此，DEA方法在研究全要素能源效率方面的应用更加广泛。

DEA方法将全要素能源效率模型划分为全要素能源技术效率模型、全要素能源经济效率模型和全要素能源相对效率模型三种[1]。首先，全要素能源技术效率模型最简单，在传统的全要素生产率框架下增加了能源要素，从而测度出DMU在综合利用多种要素进行生产时，实现产出最大化或者投入最小化的能力与程度，其本身并没有特别凸显的能源特征。师博和沈坤荣[78]利用该方法测算地区全要素能源效率，李廉水和周勇[79]、Wang等[80]利用该方法测算行业和工业部门全要素能源效率。其次，全要素能源经济效率模型在全要素能源技术效率基础上增加了要素投入/产出的价格信息，可以测度在要素投入上实现成本最小化的能力。由于该方法对数据要求较高，其在全要素能源效率实证研究中比较少见。再次，全要素能源相对效率模型考虑了多种投入要素情况下能源要素的利用效率。Hu和wang[81]认为全要素能源效率是指在假设其他要素投入不变的前提下，按最佳途径，生产一定的产品所需投入的最少能源占实际能源的百分比，可以用目标能源输入与实际能源输入的比值来衡量。许多学者根据全要素能源相对效率指标的定义展开了研究，李兰冰[82]等的研究集中在地区全要素能源效率方面，而屈小娥[83]等的研究则集中在行业和工业部门的全要素能源效率方面。

2.2.2　能源效率的影响因素

总结现有文献发现，能源效率的影响因素主要集中在产业结构、技术进步、能源消费结构、能源价格、对外开放水平、政府管制等方面。

第一，产业结构。许多研究认为产业结构变化(至少在部分时段)对能源利用效率起主要作用，产业结构变动是降低能耗的主要途径。19 世纪 80 年代初期，国外已经开始了对中国能源强度下降原因的研究，基于结构红利假说，认为当能源要素从低生产率或生产率增长较慢的部门向高生产率或生产率增长较快的部门转移时，就会促进经济总体的能源效率提高[84]。20 世纪 90 年代后期以来，中国部分学者也得出了类似的结论。史丹[32]的研究表明，中国在能源弹性系数较小的条件下实现经济高速经济增长，原因在于经济结构的变动降低了单位 GDP 能耗。张宗成和周猛[85]的研究显示，1995～2000 年产业结构是中国能源消费弹性低的主要原因。魏楚和沈满洪[86]认为产业结构调整和国有产权改革能够改善能源效率，但过度的资本深化可能会使部分地区能源效率出现恶化。王丹[87]研究发现不同类型行业对能源效率的影响大不相同，认为产业结构的调整对能源效率的提升有着重要作用。呙小明[88]基于 1985～2009 年中国整体经济数据，研究发现提升第二产业的能源效率是提高整体经济能源利用效率的关键。但也有学者认为，产业结构提高能源效率的作用具有明显的阶段性特征，并不是在所有的研究阶段都有利于降低能源强度[89,90]。

第二，技术进步。技术进步是促进中国能源效率提高的重要原因[91]。有些研究综合考虑了产业结构、技术进步等多种因素作用下技术进步对能源效率的影响，发现技术进步对能源效率的提升具有促进作用[92]。此外，学者们对中国工业部门技术进步对能源效率的影响也做了大量研究。李廉水和周勇[79]以 35 个工业行业为样本，将广义技术进步分解为科技进步、规模效率及纯技术效率，发现科技进步提高工业部门能源效率的作用大于纯技术效率。Wei 等[93]将能源效率的变化分解为能源技术进步的变化与能源技术效率变化两部分，发现 1994～2003 年技术进步对中国钢铁行业的能源效率提高起了主要作用。成金华和李世祥[94]分析了不同时期中国工业部门数据，认为技术进步是提升工业部门能源效率的重要因素。王姗姗和屈小娥[95]认为技术进步是中国制造业全要素能源效率提高的主要原因。呙小明[88]认为各个产业的技术进步是提高各个产业能源效率的关键，进而才能提高全国整体能源效率。李春发等[96]发现 1998～2008 年天津市技术进步对工业行业能源效率的提升具有促进作用。

国内外学者采用 R&D 投入等多种不同的指标研究技术进步对能源效率的影响。Fisher-Vanden 等[97]认为技术 R&D 活动是企业能源效率提高的重要原因，企业内部自行 R&D 创新比通过市场进行技术引进吸收对能源效率的改善更为重要。赵娅[98]发现用国家的科研支出表示的技术投入对能源效率的提高程度超过产业结构和能源消费结构对能源效率的影响。徐士元[99]认为增加科技投入、加速人力资本形成和促进外商直接投资(foreign direct investment，FDI)吸收和利用对我国能源效率的提高具有长期效应。滕玉华[100]采用2005～2007年我国30个地区工业面板数据，研究发现自主R&D对地区工业能源强度有显著负效应，国外技术引进对地区工业能源强度有显著正效应。滕玉华[101]运用1998～2006年我国工业32个行业的面板数据，研究发现工业行业国内的R&D资本对提高能源效率有显著促进作用，通过国际贸易渠道的R&D溢出对低能源效率的行业有促进作用。于宏洋[102]发现工业行业内部R&D投资的增加对全要素能源效率提高能够起到比较显著的积极作用。此外，有些文献采用专利授权数、劳动生产率、教育经费投入占GDP的比重来反映技术进步对能源效率的影响。

虽然许多研究认为技术进步提高了能源效率、节约了能源，但也有研究认为迅速增长的经济会产生更多的能源需求，从而部分抵消能源效率提高所节约的能源，这两种作用累加产生了"回弹效应"(rebound effect)，使技术进步对能源效率的影响变得复杂化[103]。

第三，能源消费结构。许多学者针对能源消费结构对能源效率的影响展开了研究，普遍认为调整能源消费结构有助于提高我国的能源效率。Sinton和Fridley[104]认为我国能源消费结构的主要问题是煤炭所占比例过大，降低煤炭的利用及提升优质能源是降低能源强度的必然选择。Fisher-Vanden等[97]指出煤炭消费在工业部门的能源消费比重不断降低是造成我国能源强度降低的重要原因。史丹[105]发现调整能源消费结构对能源效率产生正的影响，优化能源消费结构对提升我国能源效率有积极作用。郭菊娥等[106]发现能源效率与一次能源消费结构的变动相关性极大，优化能源消费结构对能源效率提高发挥着重要的作用。唐玲和杨正林[107]发现工业行业煤炭消费占能源消费量比重与能源效率高度负相关，而电力消费占比与能源效率高度正相关，认为调整能源消费结构有利于提高工业能源效率。臧传琴和刘岩[108]基于1996～2010年山东省17个地市面板数据，研究发现能源消费结构与能源效率存在负向关系，认为进一步改善能源消费结构能够提高全要素能源效率、降低环境污染。

第四，能源价格。许多学者研究了能源价格对能源效率的影响，认为能源价格上升能够激发和引导技术创新，提高能源利用效率。Fisher-Vanden等[109]在对微观企业的能源效率考察时发现，能源价格的上涨能够解释我国能源效率的提高。Hang和Tu[110]发现中国在1985～2004年煤、石油、电力三类能源的高价格都会导致能源利用效率的提高。屈小娥[111]实证测算了1990～2006年我国30个省(自治区、直辖市，不包括港澳台和西藏)全要素能源效率，发现能源价格提高对全国及三大地区能源效率改进有积极作用。张宗益等[112]利用我国1980～2007年的时间序列数据，发现长期内能源价格上涨对提高第三产业的能源效率有积极作用。但也有些研究得出了与上述文献相反的结论，认为能源价格并未提高我国能源效率或作用不明显。李国璋和霍宗杰[113]发现能源价格与全国及东、中部地区能源效率存在正向关系，但在西部地区两者间的关系却是负向的，说明能源价格的上升并未起到提高西部地区能源效率的作用。王海宁和陈媛媛[114]运用我国 2001～2007 年 25 个工业行业的数据分析发现能源相对价格对工业能源效率的影响为负。滕玉华[101]采用 1998～2006 年我国工业 32 个行业的面板数据，研究发现能源相对价格与工业能源效率之间存在负向关系。成金华和李世祥[94]综合利用 1990～2006 年省际、四大区域、13 个主要工业省区面板数据，发现只有东北老工业基地、中部地区和 13 个主要工业省区能源价格与能源效率存在正向关系，但在全国、东部和西部地区能源价格的提升均未能提高能源效率。汪克亮等[115]认为由于我国政府对能源价格的管制还存在，导致能源价格的调节机制发挥不是很明显，短期内难以发挥提高能源效率的作用。

第五，其他影响因素。能源效率除了受技术进步、产业结构、能源消费结构、能源价格等因素的影响，还受到市场化改革、工业化水平等其他因素的影响。市场化改革包括很多因素，一些文献集中于研究对外开放与贸易、所有制与产权制度改革以及政府的影响。此外，有些学者对工业化水平、企业规模、资本深化等因素对区域或行业能源效率的影响进行了研究。

梳理现有文献发现国内外学者对能源效率影响因素的研究主要集中在产业结构、技术进步、能源消费结构、能源价格、对外开放水平及政府管制等方面。学者们多选择某些区域、某段时间来研究技术进步等因素对能源效率的影响，虽然技术创新对能源效率影响的研究有一定的进展，但不够深入。现有文献多从技术进步和 R&D 投入的角度研究技术创新对能源效率的影响，大多学者认为技术创新是提高能源利用效率的关键。但也有学者认为由于技术进步的回弹效应，使技术进步对能源效率的影响变得复杂，不一定会节能。目前，少有学者从技术创新产出角度研究技术创新对能源效率的影响，因而关于技术创新对能源效率影响的研究尚未形成完整的理论体系，有必要进一步深化探究和思考，以更好地反映技术创新对能源效率的影响。关于我国能源技术创新是否提高了能源效率，有待于进一步研究和考察，在综合考虑多种因素相互作用的情况下，本书试图从能源技术专利的角度研究我国能源技术创新对省际和工业能源效率的影响。

2.3 碳排放的估算方法及影响因素

2.3.1 碳排放的估算方法

国际机构公布的中国碳排放数据主要有三个来源，即来自美国橡树岭国家实验室二氧化碳信息分析中心(Carbon Dioxide Information Analysis Center，CDI-

AC)、EIA 及 IEA。虽然这些机构估算了我国的 CO_2 排放数据，但一般只公布较为宏观的数据，而针对不同地区或产业的 CO_2 排放数据却无法获知。因此，国内学者在研究有关碳排放的问题时一般选择相关模型或其他方法进行估算。

根据学者们的相关研究，CO_2 排放量估算方法主要有模型估算法、指数分解法和碳排放系数估算法[116]。首先，模型估算法包括宏观模型和微观模型。宏观模型如 RRM-AIM/中国能源排放模型、LOGISTIC 模型、MARKAL 模型、系统动力学模型等；微观模型如生命周期模型、投入产出模型、可计算一般均衡(computable general equilibrium，CGE)模型等。这些方法得出的估算结果虽相对准确，但十分复杂，对计算要求较高。其次，指数分解法。从目前的文献来看，指数分解法主要包括 Divisia 指数分解法、Laspeyres 指数分解法、Fisher 指数分解法等多种，其中，Divisia 指数分解法是最为常用的指数分解法，而对数平均权重迪氏法(log-mean Divisia index method，LMDI)方法是所有指数分解方法中最有比较优势的。最后，碳排放系数法。该方法是通过各种能源的碳排放系数来估算 CO_2 排放量，碳排放系数可以通过实测、物料衡算或者调查得到。许多研究依据扩展的 Kaya 恒等式计算碳排放量，把影响碳排放的因素分为规模、结构和技术三类[117]。公式为

$$C=\sum_i \frac{E_i}{E}\times\frac{C_i}{E_i}\times E=\sum_i S_i\times F_i\times E \tag{2-1}$$

其中，C 为碳排放量；E 为能源消费量；C_i 为 i 种能源消费的碳排放量；E_i 为 i 种能源的消费量；S_i 为 i 种能源在能源消费量中所占比重；F_i 为各类能源的排放系数，即第 i 种能源的碳排放量。

目前，国内外研究通常采用 IPCC/OECD 推荐的碳排放系数方法来估算 CO_2 排放量[118]。根据 IPCC 第四次评估报告，一个区域的 CO_2 排放量主要来源于化石燃料燃烧，在计算 CO_2 排放量时，将各种能源消费数量(实物统计量)按照一定的系数折算成标准统计量，再乘以各自的碳排放系数，可得到各种能源消费的碳排放量，最后将各种能源的碳排放量简单加总即可得到某个省份(或部门)的 CO_2 排放总量。这种方法思想比较直观，计算结果比较准确，而且对数据的计算能力要求相对较低，易于理解与操作。公式如下：

$$C_{it}=\sum_{j=1}^{m} E_{ijt}\eta_j \tag{2-2}$$

其中，C_{it} 为 i 省(部门)第 t 年的 CO_2 排放量；E_{ijt} 为 i 省(部门)第 t 年第 j 种能源消费量；η_j 为第 j 种能源的碳排放系数。

目前，有几大国际权威机构公布了碳排放系数，具体包括 IPCC、EIA、IEA、加拿大环保署、日本能源经济研究所、英国能源和气候变化部、中华人民共和国科学技术部、中华人民共和国国家发展和改革委员会能源研究所，这些研

究机构提出的碳排放系数并不一致。有些研究为了增强数值的准确性，最终以某几个机构确定的各类能源碳排放系数的平均值作为计算依据[117]。

2.3.2 碳排放的影响因素

总结现有文献发现，碳排放的影响因素主要集中在经济增长、技术水平、产业结构、能源消费结构、能源价格、人口等方面。

第一，碳排放影响因素分解分析。许多学者运用指数分解法、Kaya 恒等式、可拓展的随机性的环境影响评估(stochastic impacts by regression on population，affluence，and technology，STIRPAT)模型、计量方法以及环境库兹涅茨曲线(environmental Kuznets curves，EKC)等方法，从区域、行业、工业部门等角度研究碳排放的影响因素。

指数分解法包括 LMDI 法、Laspeyres 指数分解法和适应性迪氏加权分解法(adaptive weighting Divisia，AWD)等。Greening 等[119]采用指数分解法对 OECD 10 个国家生产部门的 CO_2 排放强度进行了分解分析，发现能源强度下降是 CO_2 排放强度下降的主要原因，能源价格等其他因素也会对 CO_2 排放强度带来影响。国内学者运用 LMDI 法从国家或区域层面研究经济增长、能源消费结构、碳排放强度、能源强度和人口规模等因素对我国 CO_2 排放的影响，结果发现经济增长和能源强度变化是影响 CO_2 排放的重要因素，经济增长是 CO_2 排放增加的主要驱动力，而能源强度降低是 CO_2 排放下降的主要原因[120]。从行业层面来看，学者们运用 LMDI 方法探讨我国工业能源碳排放的影响因素。魏一鸣等[121]发现我国工业产值增加和能源强度下降分别是加剧和减缓工业 CO_2 排放增长的主要原因。其他学者则从能源消费量、能源消费结构、技术因素、中间投入量、产业结构和工业总量等角度展开了对我国工业能源碳排放影响的研究[122,123]。

日本学者 Kaya 在 IPCC 的工作报告中提出了 Kaya 恒等式，将碳排放增长分解为人口、人均 GDP、单位 GDP 能耗和能源结构四个方面。Tester[124]运用 Kaya 恒等式，对中国、日本、欧盟、美国和世界 1980～1999 年的碳排放影响因素进行了分析，发现人口和经济发展水平对中国碳排放快速增长起到促进作用，而对能源强度和碳排放强度起到了抑制作用。林伯强和刘希颖[125]用城市化率代替 Kaya 恒等式中的人口规模，发现中国城市化进程中的碳排放与主要变量间存在长期均衡关系。侯鹏飞[126]采用 Kaya 恒等式分析了我国 CO_2 排放影响因素，发现经济增长促进 CO_2 排放量的增长，而能源消费结构、产业结构和能源效率水平对 CO_2 排放量起到抑制作用。

Ehrlich 和 Holdren[127]于 1971 年提出了 IPAT 模型，常用于分析一国或地区环境污染的影响因素，$I=PAT$，I 为来自环境方面的压力，P、A、T 分别表示人口、富裕程度和技术。由于 IPAT 模型存在一些局限性，1994 年 Dietz 和

Rosa[128]在IPAT模型的基础上建立了STIRPAT模型。从实证研究来看，国内外许多学者采用IPAT或STIRPAT模型研究碳排放的影响因素。刘兰翠[129]研究世界上不同收入国家的人口、经济、技术因素对CO_2排放的影响，发现人口和经济增长对CO_2排放影响很大，能源效率对CO_2排放量的影响存在差异。林伯强和蒋竺均[130]认为1978～2007年除了人均收入外，能源强度、产业结构和能源消费结构都对我国人均CO_2排放有显著影响。贺红兵[131]结合扩展的STIRPAT模型发现1980～2010年，人均收入对我国碳排放影响最大，其次是能源强度、人口和能源结构，而产业结构影响较小且不显著。李卫兵和陈思[132]利用扩展的STIRPAT模型对比东部、中部、西部地区CO_2排放驱动因素的影响程度，发现存在显著的地区差异。

许多学者采用计量经济学方法研究了碳排放与其影响因素之间的关系。徐玉高和郭元[133]使用时间序列方法对中国的人均CO_2排放、人均GDP和能源强度之间的关系进行了分析，发现人均GDP的增长是人均CO_2排放量增加的主要驱动因素，而能源消费强度的下降可以有效地减少碳排放。杨桂元和李璐[134]采用VAR模型分析了我国1978～2008年经济发展水平、经济结构、能源效率、能源消费结构对碳排放量的影响，发现各影响因素与碳排放量之间存在正向关系。面板数据方法常被用于研究不同区域、省市或行业的碳排放影响因素。李小平和卢现祥[135]基于分行业面板数据，考察了人均产出、贸易开放程度、技术R&D等因素对我国工业行业CO_2排放的影响。杜立民[136]在静态和动态面板数据模型框架下，基于1995～2007年29个省(自治区、直辖市，不包括港澳台和西藏，重庆市数据包含在四川省数据中)的面板数据，考察了我国人均CO_2排放的影响因素，发现重工业比重、城市化水平和煤炭消费比重对我国人均CO_2排放水平都具有显著正向影响。赵耀昌[137]基于我国30个省(自治区、直辖市，不包括港澳台和西藏)1995～2009年的面板数据建立了区域碳排放面板数据模型，分析了经济增长、产业结构、能源消费结构、固定资产投资、FDI和技术进步六种因素对人均CO_2排放的长期和短期影响。谢玲淋[138]选取我国30个省(自治区、直辖市，不包括港澳台和西藏)2000～2009年的面板数据，应用空间计量模型分析发现经济增长、人口规模、产业结构和能源利用效率对碳排放量有显著的正向作用，而能源价格对碳排放的影响是有限的。

EKC广泛用于解释经济增长与环境质量之间的关系，早期的研究认为两者间存在倒U形关系[139]。但随着研究的进一步深入，不少国外学者发现描述环境指标的碳排放与经济发展水平之间存在其他关系，如U形、倒N形、N形、近似线性等几种。国内学者也对EKC的形状展开了研究，认为经济增长与环境质量之间存在复杂的关系，如倒U形、N形；但也有学者发现EKC在我国或部分地区不存在[140]。

第二，技术进步对碳排放的影响。政府和学术界普遍认为，从长期来看技术进步有助于阻止碳排放量的增加。从国外的研究来看，Bernstein 等[141]认为如果所有附件 B 国家实现了京都议定书规定的排放上限，未来 15 年发展中国家通过改变技术降低碳排放将有巨大潜力。Lantz 和 Feng[142]对加拿大 1970～2000 年的人均 GDP、人口、技术与二氧化碳排放数据进行了回归分析，结果发现技术与 CO_2 排放成倒 U 形关系。Fan 等[143]利用 STIRPAT 模型对 1975～2000 年不同经济发展水平国家的人口、经济及技术水平对碳排放的影响进行了研究，结果发现这些因素对不同发展水平国家碳排放的影响是存在差异的。Gerlagh[144]认为技术进步一方面降低了碳价格，进而降低了强制性减排的负担；另一方面，技术进步可能会产生学习收益，从而使减排成本降低。Parikh 和 Ghosh[145]采用综合研究与行动开发动态分析模型，观察能源技术变迁对经济的宏观影响，研究结果表明在能源技术创新和应用过程中，能源技术选择的变迁会导致能源需求和 CO_2 排放的减少。

国内学者在技术进步对碳排放的影响方面也进行了大量研究。王铮等[146]建立了包含技术进步作用的二氧化碳减排经济影响的宏观经济模型，发现如果中国加大单位 GDP 教育科研投资的 0.5%，则可以达到减排效果。李国志[147]分别采用 STIRPAT 模型和 LMDI 因素分解方法，分析了 1996～2008 年人口、经济和技术对我国 CO_2 排放的影响弹性，结果表明技术进步(即能源强度下降)在一定程度上降低了碳排放，但是技术对 CO_2 排放的影响呈现阶段性变化特征。付伟[148]研究了湖北省碳排放影响因素，发现短期内碳排放水平受到人口因素、经济发展水平、技术水平和上一期碳排放水平的影响。姚西龙和于渤[149]探讨了 1995～2008 年技术进步、行业结构变动与我国工业 CO_2 排放之间的影响效应，发现技术进步对工业 CO_2 排放起到了抑制作用，东部地区的工业技术进步对碳排放的抑制作用要远高于中部、西部地区。

有些学者对能源技术的减排效果展开了研究，认为无碳能源技术(如风能、核能)比化石能源技术(如燃气、燃煤技术)有更好的减排效果。Chen 等[150]探讨了各种低碳技术在缓解碳排放方面的贡献，发现风能与核能是最好的技术，减排率几乎达到 100%；CCS 也是有效的，减排率在 64%～81%变化；超临界(super-critical，SC)、超超临界(ultra-super-critical，USC)、整体煤气化联合循环(integrated gasification combined cycle，IGCC)是最有前景的高效煤生产技术，能够适度地缓解碳排放强度，SC 的减排率稳定在 15%，USC 的减排率略微在 20%～25%浮动，IGCC 在 18%～34%变化。Gnansounou 等[151]研究了上海电力生产系统缓解碳排放的战略技术选择，发现天然气联合循环发电厂(combined cycle power plants，CCPP)有最大的减排潜力，达到 4 240 万吨，核电厂达到 29 820 万吨，然而天然气 CCCP 与煤技术组合在一起对降低排放只有略微的影响(40 万吨)。

另外，国内外学者从 R&D 投入角度研究了技术进步对碳排放的影响。Goulder 和 Schneider[152]研究了 R&D 活动对 CO_2 减排政策的影响，认为 R&D 活动能导致实际的 CO_2 减排成本降低。Fisher-Vanden 和 Wing[153]探讨了发展中国家 R&D 对经济增长和碳排放的影响，结果表明改进 R&D 效率和提高 R&D 质量有助于降低碳排放。Ang[154]把环境与现代内生增长理论结合起来，研究技术进步对中国 1953～2006 年 CO_2 排放量变动的影响，结果发现 R&D 强度、技术转移和经济对国外技术的吸收能力与 CO_2 排放量呈负向关系。Garrone 和 Grilli[52]分析了能源 R&D 中公共支出和单位 GDP 碳排放量的关系，认为公共能源 R&D 在提高能源效率方面是成功的，能源 R&D 预算的形成显著地受到碳趋势的影响。魏巍贤和杨芳[155]运用 1997～2007 年中国省市面板数据，研究了技术进步对我国 CO_2 减排的贡献，发现自主 R&D、技术引进对我国的 CO_2 减排具有显著的促进作用；同时，技术进步对我国 CO_2 排放的影响表现出明显的地区差异，自主 R&D 对东部地区的 CO_2 减排具有显著促进作用，但对中西部地区则没有显著影响；技术引进对东部和中部地区的 CO_2 减排有显著促进作用，但对西部地区则没有显著影响。

目前，学者们采用不同的技术创新指标研究技术创新对碳排放的影响。常见的技术创新指标有 R&D 投入、专利、碳排放强度等。Popp[37]用专利数据来估测技术进步对能源消费和碳排放的影响，结果发现一项专利从开始投入使用到三年后，它对能源消费和碳排放的影响将达到最大。Dechezleprêtre 等[15]选择了对全球温室气体最具减排潜力的 13 个技术领域，并提取这些技术领域的专利数据，研究 1978～2003 年发达国家和发展中国家的发明活动和技术转移情况。Lanzi 等[156]利用化石燃料发电技术专利数据研究发现化石燃料发电技术创新能够降低单位用电量的温室气体排放。杨忠敏[157]运用 VAR 方法对 1985～2008 年我国可再生能源技术专利、CO_2 排放和 GDP 之间的关系进行了研究，发现可再生能源技术专利的增加并没有降低 CO_2 排放。

虽然许多研究认为技术进步能够降低 CO_2 排放量，但也有研究认为技术进步减少 CO_2 排放的作用是有限的，主要是由于技术进步降低了产品成本，生产者会扩大生产规模，进而导致了碳排放量不降反升，这就是“回弹效应”[103]。同时，由于技术存在锁定效应，这会使减排新技术的扩散存在一定的障碍，影响技术进步的减排效果。

梳理现有文献发现影响碳排放的因素包括经济增长、技术进步、产业结构、能源消费结构、人口、对外贸易、管理水平等方面。虽然关于技术创新对碳排放影响方面的研究有了一定的进展，但不够深入。我们发现在技术降低碳排放作用方面的研究是有争议的，大多数学者认为技术创新有助于降低碳排放，但也有学者认为由于技术进步存在回弹效应和锁定效应，使技术创新对碳排放的影响具有不确定性。现有研究在选择样本时多集中于某些特定的区域、某段时间进行分析，并且采用了不同的研究方法，选择了不同的指标，这些因素也造成了研究结果的不一致。因此，有必要进一步研究我国技术创新对碳排放的影响。目前关于技术创新对碳排放影响的研究主要集中在技术进步对碳排放的影响和 R&D 对碳排放的影响两方面，少有学者从技术创新产出的角度研究技术创新对碳排放的影响。此外，目前国内外少数学者采用情景模拟的方法探讨了无碳能源技术与化石能源技术的减排效果和减排潜力，这些研究缺乏长期的评价和分析；很少有学者从能源技术创新产出的角度研究无碳能源技术和化石能源技术对缓解碳排放的贡献。在综合考虑多种因素相互作用的情况下，本书一方面研究我国能源技术专利对碳排放与碳排放强度的影响；另一方面，探讨我国无碳与化石能源技术专利对缓解碳排放的贡献差异。

2.4 本章小结

本章的目的在于通过文献回顾，从能源技术创新理论、能源效率的测度方法及影响因素、碳排放的估算方法及影响因素三个方面对现有研究进行评述，并指出其中的问题与不足。

第一，许多文献从能源技术创新投入(R&D)和产出(专利)角度对能源领域的创新活动展开了系统研究，尽管国外基于能源专利在新能源和可再生能源技术创新方面的研究比较丰富，但对无碳与化石能源技术创新的研究比较少见，明晰化石能源技术与无碳能源技术所涉及的领域对研究无碳与化石能源技术创新尤为关键。从能源领域专利的收集方法来看，大多数文献只集中在具体能源技术领域(如风能、太阳能等)，系统研究能源技术专利获取方法的文献比较少见，建立一套科学的收集能源技术专利的方法是进行能源技术创新实证研究的基础。

第二，在对能源效率影响因素的研究中，虽然涉及了许多不同的变量，但对于变量的选取都比较主观，对于变量之间的逻辑关系缺乏深入的分析，也缺乏理论模型支撑。因此，需要从理论或模型上发掘变量之间的逻辑关系，进而分析各影响因素对能源效率的作用机制，是能源技术创新对能源效率影响实证分析的基础。学者们多从技术进步和 R&D 投入角度研究技术创新对能源效率的影响，而从创新产出角度研究的则较少，不足以反映能源技术发展对能源效率的作用。专利是技术创新活动中重要的创新成果指标，是技术水平的最直接体现，从能源技术专利角度研究技术创新对省际和工业能源效率的影响，能够更加准确地反映能源技术创新对能源效率的作用。此外，各种能源效率测度方法存在的缺陷和能源效率影响因素分析方法存在的差异，都可能导致能源效率影响因素分析结果的不一致。

第三，在对碳排放影响因素的研究中，考虑了许多不同的变量，但对为什么选取这些变量缺乏理论支撑，对变量之间的逻辑关系也缺乏深入的分析。因此，需要从理论或模型上剖析碳排放影响因素之间的逻辑关系，进而分析各因素对碳排放的作用机制，为能源技术创新对碳排放影响的实证研究提供理论依据。学者们多从技术进步和 R&D 投入角度研究技术创新对碳排放的影响，而从创新产出角度研究的则较少，难以反映能源技术发展对碳排放的作用。从无碳与化石能源技术专利角度研究技术创新对碳排放的影响，能够更加准确地反映能源技术创新对碳排放的作用。此外，各种碳排放估算方法存在的缺陷和碳排放影响因素分析方法存在的差异，都可能导致对碳排放影响因素的分析结果出现偏差。

第 3 章　能源技术创新对节能减排影响的理论分析

国内外许多文献表明节能减排受到诸多因素的影响，各种不同的因素往往是相互作用的，同时它们在不同的阶段所产生的影响也存在差异。我国幅员辽阔，不同区域的人口、经济和技术等均有不同，这可能导致各区域的能源效率和碳排放量也有所不同。为了深入揭示我国能源技术创新对节能减排的影响，首先必须明确能源效率影响因素和碳排放影响因素的内在逻辑关系，进而从理论上揭示能源技术创新对能源效率和碳排放的作用机制，为后续章节的实证研究提供理论依据。

3.1　能源技术创新对能源效率影响的理论分析

现有文献表明，能源效率的变化往往是多种因素共同作用的结果，各种因素在不同阶段、不同地区产生的影响也有差异。研究我国能源技术创新对能源效率的影响，需要考虑其他因素的差异及其产生的影响。本节旨在从理论角度深入剖析能源技术创新等因素对能源效率的作用机制，并为后续章节的实证研究提供理论依据。

3.1.1　能源效率影响因素逻辑关系分析

仔细分析现有文献发现能源效率的影响因素主要集中在以下几个方面，即技术进步、经济体制、产权结构、市场化程度、产业结构、工业化水平、能源消费结构、能源价格、能源禀赋、生产规模、进出口贸易、对外开放等。能源效率的影响因素众多，各种影响因素之间存在错综复杂的关系。

图 3.1 展示了能源效率影响因素之间的逻辑关系，从图中可以看出，能源效率的各种影响因素之间存在一定的关系。综合国内外文献发现，各种影响因素对能源效率的影响程度存在差异。按照其在能源效率关系链的位置不同，大体可以分为两类：一是直接影响因素，即与能源效率直接相关的影响因素，主要包括技术进步、产业结构、能源消费结构、工业化水平和生产规模；二是间接影响因素，即与能源效率间接相关的影响因素，如经济体制、产权结构、能源价格等。

本书认为间接影响因素都是通过作用于直接影响因素而对能源效率产生影响，如能源价格的变化引起了产业结构、能源消费结构、生产规模和技术进步的变化，进而影响了能源效率；经济体制引起了产权结构、市场化程度的变化，进而影响到技术扩散的速度和技术进步的水平，最终影响了能源效率。

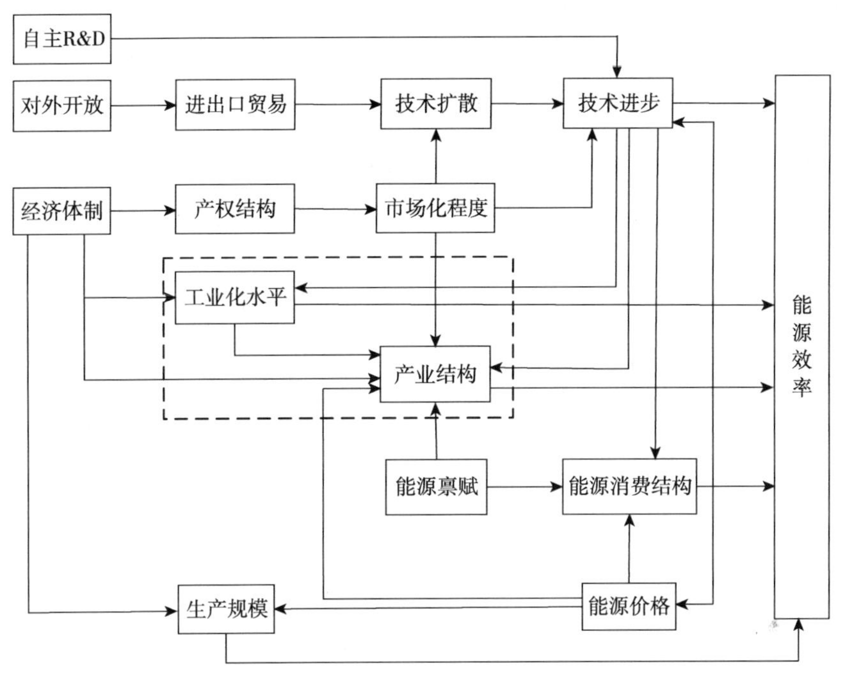

图3.1 能源效率影响因素之间的逻辑关系

3.1.2 能源技术创新对能源效率的作用机制

从图3.1可以看出，技术进步对能源效率的促进作用存在七条关系链。一方面，技术进步对能源效率的直接作用有四条关系链，自主R&D→技术进步→能源效率，能源价格→技术进步→能源效率，经济体制→产权结构→市场化程度→技术扩散→技术进步→能源效率，对外开放→进出口贸易→技术扩散→技术进步→能源效率；另一方面，技术进步对能源效率的间接作用有三条关系链，技术进步→产业结构→能源效率，技术进步→工业化水平→能源效率，技术进步→能源消费结构→能源效率。

技术进步的内涵非常丰富，包括科技水平的提高、资源配置优化、管理水平提高、政策制度修订等。技术进步毋庸置疑能推动经济增长，而能源领域的技术进步对提高能源效率非常重要。因此，中国政府高度重视能源科技的发展，把能源技术放在优先发展位置，加快推进能源技术进步，大力组织先进能源技术的研发与推广应用，通过市场机制，引导企业加快技术进步，提高能源利用效率。能源技术创新既包括新替代能源技术的 R&D，也包括现有能源技术的改进，并使这些新能源技术得到实际广泛的商业应用，包括一次能源技术、终端能源技术及能源服务技术[158]。而能源技术创新对能源效率的影响仍然遵循技术进步对能源效率作用的七条关系链，具体地，直接作用和间接作用既体现在能源消费部门和能源生产部门中，也体现在产业结构调整、能源消费结构优化和工业化水平提升的过程中。

(1)能源技术创新对能源消费部门能源效率的影响。在能源消费部门，能源应用技术的提高和新技术、新设备及新工艺的出现，能够使企业在相同产出下节约能源投入，或者在相同投入下扩张产出，从而促进产业部门能源效率的提高。主要表现在三个方面：首先，能源技术创新能够提高企业生产设备的工作效率，降低单位产品的能耗，减少中间能源损耗，从而提高资源配置效率[159]。其次，在能源消费过程中，如果 R&D 投入越多，有关能源利用方面的先进设备、技术和管理的有效 R&D 劳动也就越多，则 R&D 投入对能源效率提高的促进作用也越强；人力资本的积累将通过改进或创新能源设备，提高能源节约意识来推进能源消费方式由粗放型向集约型变革[99]。最后，工业部门是我国能源消耗的主要部门，能源技术创新可以优化产业结构和能源消费结构，降低高耗能工业行业对煤炭等化石能源的依赖，进而提高工业化水平，最终提高工业部门的能源效率[99]。

(2)能源技术创新对能源生产部门能源效率的影响。在能源生产部门，单位产品能耗水平取决于企业生产工艺技术的先进程度、用能设备效率的高低及企业管理水平，现有新能源技术的充分采用可以提升单位产品能耗，从而最终提升能源效率[160]。能源技术创新对能源生产部门能源的作用主要表现在两方面：首先，能源生产企业在采用了高效能源技术后，能够在很大程度上提高现有能源储量的开采效率，引进先进设备可以减少生产过程中的能源损耗，从而节约能源；其次，能源生产企业通过采用能源高效转换技术，能够大大提高能源的转换效率与储运效率，从而提高能源的利用效率[161]。此外，现有运输技术的改进，在一定程度上也能够降低能源运输过程中的损耗，从而节能[162]。

虽然能源技术创新可以提高能源效率、节能，但也会促进经济的快速增长，从而对能源产生新的需求，会部分抵消所节约的能源，这两种作用综合在一起导致能源技术创新对能源效率的影响变得复杂化，这就是技术进步的回弹效应[163]。由于回弹效应的存在，能源技术创新对能源效率的影响是一个动态变化的过程，在不同样本中，能源技术创新对能源效率的影响方向和程度可能不同，即便是同一样本中，在不同的时间段，这种影响也可能不同。因此，研究能源技术创新对能源效率的影响是十分必要的。

3.1.3　其他因素对能源效率的作用机制

能源效率的影响因素表现在多个方面，而能源技术创新是影响能源效率的关键因素，下面分析产业结构、能源消费结构、能源价格、工业化水平、市场化程度因素对能源效率的作用机制。

第一，产业结构调整对能源效率的影响。许多研究支持“结构红利假说”，认为能源要素从生产率较低的部门或行业向生产率较高的部门或行业转移时，能够提高整个国家经济部门的能源效率[164]。从图 3.1 可以看出，产业结构对能源效率有直接的影响，产业结构调整对能源效率的改进既表现在产业间也体现在产业内。

首先，从产业间结构调整来看，降低高耗能行业在经济部门中所占比重，能够降低整个经济部门的能源强度，从而直接地提高能源效率[106]。一般来说，第一产业和第三产业能源强度较低，第二产业(特别是工业)能源强度最高，能源要素从低生产率产业向高生产率产业转移的过程中，产业结构的优化能够提高能源效率[165]。因此，在获得同等产出的情况下，如果第二产业所占比重越小，第三产业所占比重越大，能源消耗总量就会越少，能源利用效率则会越高；反之，第二产业所占比重越大，能源利用效率则会越低[161]。其次，从产业内结构调整来看，产业内结构变动对本产业能源强度的影响也很大。在产业内能源消耗弹性大的部门所占比重越大，增长越快，就会引起整个国民经济能源效率的降低[85]。由于目前我国工业能耗在第二产业能耗中占据着主要地位，而第二产业又在三次产业中占据着最大的比重，同时工业内部各部门的能源强度又是有差异的，因此，工业内部各部门的增长速度、所占比重和能源消费弹性便直接决定着整个国民经济的能源效率[88]。从当前我国工业内部结构来看，高能耗行业所占比重较大，特别是具有高耗能特点的一般加工工业的生产能力过剩。因此，通过提升高耗能行业的能源效率来降低工业部门的能源消耗强度，从而直接地提高工业部门能源效率是至关重要的[166]。第三产业总体能源效率是比较高的，但其内部各部门的能源强度、能源消费弹性、增长速度也是有差异的，随着三次产业比重的上升，第三产业内各部门的变动也会直接影响整个国民经济的能源效率。

大多学者认为产业结构调整有利于改善能源效率，但也有一些学者认为产业结构变化对能源效率的作用并不大，甚至产生了负面影响[89]。因此，研究我国产业结构调整对能源效率的影响是十分必要的。

第二，能源消费结构调整对能源效率的影响。能源消费结构是指能源消费量中各种能源的构成及其比例关系，从图 3.1 可以看出，能源消费结构调整对能源效率有直接的影响。各种能源的热效率存在差异，煤炭的能源效率最低，并且受到资源转换技术和环境的极大约束；石油能源效率较高，是一种具有多种优良特性的优质能源；天然气能源效率较高，是清洁的化石能源；以水电、生物质发电、风电、太阳能等为代表的可再生能源，能源效率最高，在环境保护方面具有独特的优势[167]。因此，各种能源在能源消费结构中的比重变化会影响到能源效率。一个地区的能源禀赋在某种程度上决定了该地区能源消费比例的构成。在我国的能源消费结构中，煤炭是最主要的组成部分，煤炭消费量比重越高，给能源效率带来的负面影响越大；石油、天然气和水电消费量比重越高，给能源效率带来的正面影响越大；新能源消费比重越高，给能源效率带来的正面影响更大[168]。因此，采取多元化能源结构的能源发展战略，加大天然气、可再生能源和新型能源的技术创新，增加其消费比重，将会极大地提升能源效率。

第三，能源价格对能源效率的影响。Boyd 和 Pang[169]认为提高能源价格能够提高能源效率。从图 3.1 可以看出，能源价格对能源效率的影响是间接的，能源价格通过作用于能源消费结构、产业结构、技术进步、生产规模因素对能源效率起到调节效果，合理的能源价格体系是提高能源效率的经济杠杆。

合理的能源价格不仅要反映能源商品的供需关系和资源的稀缺程度，而且还要体现能源产品之间的替代和互补性[167]。具体地，能源价格对能源效率存在两方面深入的内部影响。一是产出效应，由于能源与劳动、资本等基本生产要素一样，当其价格上升时企业的能源消费成本和生产成本将会提高，这将会使企业减少产出，进而减少了对能源的需求，降低了能源强度，直接提高了能源效率[102]。二是替代效应，主要表现为能源与其他生产要素的替代效应、能源价格作用于能源技术产生的替代效应和能源价格作用于能源消费结构产生的替代效应。首先，由于能源与其他生产要素的替代作用，能源价格的上升导致企业减少对能源的使用，转而增加技术、劳动、资本等生产要素的投入，这可能会引发企业生产规模的变化，从而使企业在经济产出不变或增加的情况下间接地提高了能源效率[115]。其次，能源价格作用于能源技术产生替代效应，能源价格上升将会导致能源成本的大幅提高，当企业发现采用新技术的成本低于由能源价格上涨所增加的成本时，在利润导向下，有动力不断向采用新技术提高能源效率的方向倾斜[161]。最后，能源价格作用于能源消费结构产生替代效应，由于石油、煤炭等传统化石能源和风能、太阳能等新能源的热效率是不同的，选择不同的能源对能源效率的作用方向可能也不一致。例如，近年来石油价格的提升，一方面，会促使能源消费者利用煤炭等价格相对便宜的能源，而煤炭在能源消费结构中比重的增加将会降低能源效率；另一方面，石油价格的提高也可能会促使能源消费者利用风能、太阳能等能源，而新能源在能源消费结构中比重的增加将促进能源效率的提高。因此，能源价格对能源效率的具体作用方向，取决于煤炭与新能源热效率和消费比重的相互关系[159]。

目前我国能源价格是由政府部门制定的，价格机制并没有实现市场化。我国政府对煤炭实行政府指导价格，采取了先放后收的不同政策；对电力产品实行管制价格，不计环境成本造成了煤电价格过低，使能源消费太过于依靠煤炭，制约了其他类型能源的发展。过低的能源价格导致我国高经济增长同高能源消耗并存，影响了我国在较长一段时期内的能源战略和产业结构调整政策。在此背景下，能源价格通过产业结构、能源消费结构、能源技术和生产规模的调节，作用并没有真正发挥出来，造成了能源价格对能源效率影响的不确定性。因此，进一步研究我国能源价格对能源效率的影响是十分必要的。

第四，工业化水平对能源效率的影响。从图 3.1 可以看出，工业化水平对能源效率的影响是直接的，但工业化水平受到经济体制和技术进步等因素的制约。工业化水平对能源效率的影响可以从宏观和微观两方面来进行解释。首先，从宏观角度来看，在工业化发展过程中，工业结构的变化引起了能源效率的变化。在经济发展水平较低的工业化初期，工业能源使用量几乎可以忽略不计，能源效率很高；随着经济发展水平的提高，当工业化生产水平及规模进入高峰时期，工业能源消耗量将大幅增加，使工业能源消耗强度明显提高，这将会引起能源效率下降；而进入后工业化时代以后，先进的生产技术被发明出来，新的能源逐渐被采用，使各类能源的利用效率逐渐提高，并且新兴部门不断出现和发展，导致经济结构由工业主导转向服务业主导，因而能源效率会持续上升[170]。其次，从微观角度来看，随着工业化水平的提高，企业生产规模扩大，由于生产过程中的“学习效应”，企业能够进行持续的产品革新，广泛应用新生产工艺，加之新能源技术被逐渐采用，使能源的利用效率逐渐提高。因此，工业化水平对能源效率的影响主要取决于相应区域的经济体制或者工业化水平所处的阶段。

第五，市场化程度对能源效率的影响。从图 3.1 可以看出，市场化程度对能源效率的影响是间接的，市场化程度包括所有制变化、产权制度改革、对外开放程度等因素，而市场化程度在一定程度上影响一个国家或地区及其相关产业的技术创新水平，进而影响相关部门或产业的能源效率。Sinton 和 Fridley[104]通过对发展中国家和转型国家的研究发现市场化程度对能源效率具有促进作用。

市场化改革与政府的影响息息相关，其对能源效率的影响主要表现在两个方面。首先，从对外开放与贸易的影响来看，市场化改革会促进对外开放与贸易程度的提高，进而通过人力资本提高和技术扩散为企业带来技术与效率上的改进[171]。对外贸易对能源效率的影响是否为正向要视对外贸易结构而定，就目前我国的对外贸易结构来看，出口产品主要是能源密集型产品，不利于提高能源效率；而进口产品以高科技产品、先进技术产品为主产品，有利于提高能源效率[171]。其次，从所有制与产权制度改革的影响来看，由于政府干预会影响市场有效配置资源的能力，政府干预度越高，市场化水平越低，这可能会对全要素能源效率的提高产生负面影响[86]。市场化改革促进了所有制与产权制度的确立和完善，在市场机制作用下，效率低的企业会更致力于提高生产效率与资源配置效率，同时也将促进能源效率的可持续改进。国有企业相比其他所有制企业有着更低的能源效率，深化国有经济体制改革、降低国有经济比重是提高能源效率的有效手段[86]。因此，研究目前我国产权制度对能源效率的影响是十分必要的。

3.2 能源技术创新对碳排放影响的理论分析

现有文献表明，碳排放的变化往往是多种因素共同作用的结果，各种因素在不同阶段产生的影响存在差异。本节系统地考虑了影响碳排放的各种因素，寻找其内在逻辑关系，分析能源技术创新等因素对碳排放的作用机制，探讨各影响因素是如何直接或者间接影响碳排放的，并为后续章节的实证研究提供理论指导。

3.2.1 碳排放影响因素逻辑关系分析

一般而言，碳排放水平的影响因素主要包括技术进步、经济增长、产业结构、能源消费结构、人口、能源价格、对外贸易以及城市化水平等，上述影响因素并不是独立作用的，某个地区碳排放水平可能是某几个影响因素共同作用的结果。通过分析其内在的相互关系，我们勾画出碳排放影响因素的逻辑关系，这些影响因素通过不同的路径与机理影响碳排放的水平。

从图 3.2 可以看出，诸多因素之间存在着有机联系并共同影响碳排放。综合国内外文献发现，各种影响因素对碳排放的影响程度存在差异。按照其在碳排放关系链的位置不同，大体可以分为两类：一是直接影响因素，即与碳排放直接相关的影响因素，主要包括技术进步、经济增长、产业结构、能源消费结构、人口；二是间接影响因素，即与碳排放间接相关的影响因素，如能源价格、对外贸易等。本书认为间接影响因素都是通过作用于直接影响因素而对碳排放产生影响，如能源价格的变化引起了经济总量、产业结构、能源消费结构、技术进步的变化，进而影响了碳排放的变化。

3.2.2 能源技术创新对碳排放的作用机制

从图 3.2 可以看出，技术进步对碳排放的影响存在六条关系链。一方面，技术进步对碳排放的直接作用有三条关系链，经济增长→技术进步→碳排放，能源价格→技术进步→碳排放，经济增长→对外贸易→技术进步→碳排放；另一方面，技术进步对碳排放的间接作用有三条关系链，技术进步→产业结构→碳排放，技术进步→能源消费结构→碳排放，技术进步→经济增长→碳排放。

根据内生增长理论，技术进步能够提高自然资源利用率，使资源得以大量节

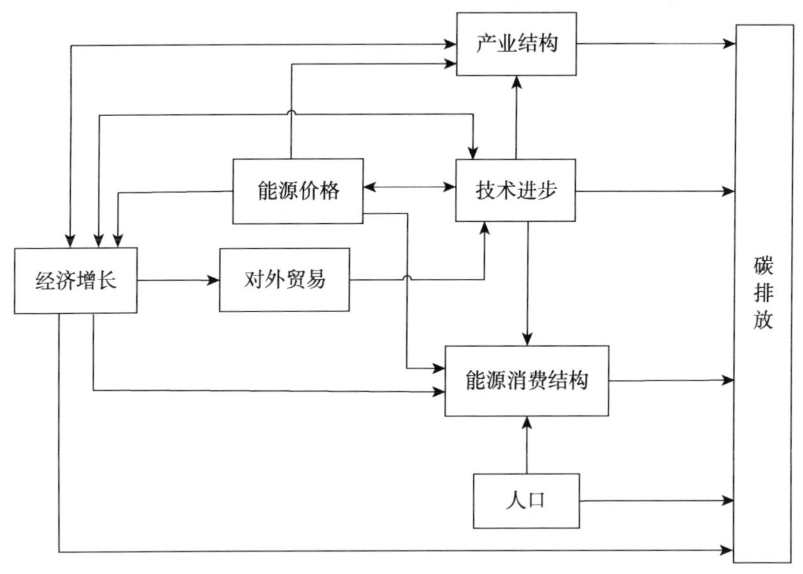

图 3.2　碳排放影响因素逻辑关系

约和循环利用，从而在一定的产出水平下使能源消耗量进一步降低，相应的污染排放和生态破坏也减少[172]。在维持当前经济增长规模的情况下，技术进步是解决我国高能耗与高排放问题的根本途径，高效、清洁技术的利用和推广可以有效控制污染排放。因此，中国政府高度关注能源科技的发展，将能源技术放在优先发展的位置，加快推进能源技术进步，从而提高能源利用效率、降低碳排放。能源技术创新对碳排放的影响仍然遵循技术进步对碳排放作用的六条关系链，具体地，能源技术创新降低碳排放的作用机制主要表现为以下两个方面。

第一，能源技术创新在能源的生产、运输和消费等环节降低了碳排放[173]。首先，从能源供给环节来看，技术创新导致了能源技术的发展，而能源技术创新优化了能源结构。一方面是洁净煤等节能技术的发展，提高了传统化石能源利用效率，降低了碳排放；另一方面能源技术创新促进了太阳能、风能、核电、生物质能等新能源和可再生能源技术的发展，随着清洁能源价格的降低和性能的提高，新能源的开发和商业化也将成为现实，从而减少对化石能源的利用，达到降低碳排放的目的。另外，提高化石能源的开采和运输效率，可以从源头上减少对化石能源的浪费，提高对化石能源的利用效率。其次，从企业生产环节来看，企业通过对节能与减排技术的发明和革新，逐渐淘汰高能耗的设备，改进生产工艺，开发新能源产品等低碳替代产品，从而提高能源使用设备的能源利用率；同时，企业刺激员工提高节能的意识，能够促进能源消费方式由粗放型向集约型改变，可以减少生产过程中的碳排放。最后，从废气处理环节来看，发展 CCS 技术、IGCC、SU燃煤发电技术、USU燃煤发电技术，可将大型发电厂、钢铁厂和化工厂等排放源产生的CO_2收集起来，并存放在地下或埋在海底以避免其排放到大气中，可有效减少CO_2的直接排放[173]。

第二，能源技术创新通过降低高能耗产业在国民经济中的比重，促使产业结构不断向高级化发展，进而降低碳排放[147]。能源技术创新通过以下几种途径推进产业结构调整，进而降低碳排放。降低高耗能产业的能源消耗强度，使可替代资源增加，进而改变企业的生产需求结构；促进消费品升级换代，引起需求结构的改变，进而改变产业结构；诱发新兴产业出现，推动产业结构调整；提高劳动生产率，促进劳动力转移，推动产业结构调整。在产业结构调整的过程中，通过自主创新、引进和消化吸收国际先进技术等方式提高整个生产部门的能源技术，进而提高能源利用效率，降低能源消耗和碳排放。

虽然能源技术创新可以减少单位产出的能源消耗，降低单位产出产生的CO_2排放量，但其降低碳排放的作用可能是有限的[99]。其原因表现在两方面：一是技术存在着锁定效应，对化石能源的高度依赖阻碍了减排新技术的扩散，影响了能源技术的减排效果；二是技术进步的回弹效应，由于能源技术创新同时带来了产品成本的降低，生产者会扩大生产，产量大幅度增加，这会使CO_2排放总量不降反升[103]。正是这两种效应的存在，使能源技术创新对碳排放的影响表现为一个动态变化的过程，在不同样本中，能源技术创新对碳排放的影响方向和程度可能不同，即便在同一样本中，在不同的时间段，这种影响也可能不同。因此，研究能源技术创新对碳排放的影响是十分必要的。

3.2.3 其他因素对碳排放的作用机制

碳排放受到多方面因素的影响，而能源技术创新是影响碳排放的重要关键因素，下面分析经济增长、产业结构、能源消费结构、能源价格、对外贸易和人口因素对碳排放的作用机制。

第一，经济增长对碳排放的影响。经济的增长离不开能源投入和能源消费，而能源消费的增加必然会促进碳排放的增加。从图3.2可以看出，一方面，经济增长对碳排放有直接的影响；另一方面，经济增长通过影响产业结构、能源消费结构和技术进步而间接的影响碳排放。基于EKC对经济增长与环境影响之间关系的假设，将传统的社会经济发展与碳排放关系划分成四个阶段[139]：第一阶段是经济低水平、低增长、低碳排放阶段，大体上相当于传统的农业社会阶段；第二阶段是经济低水平、快增长，碳排放也是低水平、快增长的阶段，大体上相当于工业化起步到工业化中期(重化工业以前)阶段；第三阶段是经济水平较高、增长较快、单位GDP碳排放达到最大的阶段，大体相当于工业化成熟阶段；第四阶段是经济社会高度发达、单位GDP碳排放逐渐降低的阶段。因此，经济增长对碳排放的影响与一个国家或地区的经济发展水平密切相关。经济增长越快，社会对能源的需求量也就越大，由于能源消耗而产生的温室气体排放也就越多。我国正处于经济发展的第二阶段，随着经济规模的扩大，能源消费需求将会快速增长，但由于目前我国能源利用效率偏低，能源消费结构仍然以煤炭为主，在未来很长的一段时期内，碳排放量仍会继续增加[174]。

EKC 认为，经济增长的提高一方面会给环境带来更多的污染和破坏；另一方面，经济增长也会促使技术进步，从而对环境污染有改善作用。碳排放与经济增长之间的关系是复杂的，受到诸多因素的影响，不同国家的环境、政策、产业、人口、贸易等的情况不同，在不同国家不同时期，碳排放与经济增长表现出不同的 EKC 形状[140]。因此，研究我国经济增长对碳排放的影响是十分必要的。

第二，产业结构对碳排放的影响。许多研究认为产业结构调整对碳排放有影响作用，主要是由于各产业能源消耗强度的不同[175]。从图 3.2 可以看出，产业结构对碳排放有着直接影响，而产业结构调整对碳排放的影响既体现在产业间也体现在产业内。

其一，从产业间的结构调整来看，产业结构通过不同产业部门的能源消耗对碳排放产生影响。不同产业部门消耗的能源类型不同，导致碳排放也各不相同[175]。第一产业对能源需求不大，所产生的碳排放量也不大；第二产业有较高的碳基能源需求，是能源消费的主力军，其所占比重越高，碳排放就会越多；第三产业属于能源密度较低的产业，能源消费量相对较少，提高第三产业的比重将会减少能源的消耗，从而减少碳排放。各产业的碳生产率和经济增长速度存在差别，当产业结构发生变化时，也会影响到能源消耗量，使碳排放在各产业间流动。通常随着一个国家或地区的经济发展，产业结构会从以农耕为主向以工业为主转变，环境污染加重；当经济发展到更高水平时，产业结构升级，能源密集型为主的重工业向服务业和技术密集型产业转移，促使能源利用效率提升，进而降低碳排放。目前，我国产业结构仍停留在第二产业占主导地位的局面，高耗能行业的比重仍以较快的速度发展，而高能源消耗将带来高碳排放[137]。

其二，从产业内结构调整来看，第二产业及其工业部门结构的调整有助于提高能源利用效率。第二产业产生的碳排放来自两方面：一是工业生产对能源的直接消耗产生的直接碳排放；二是在产品生产过程中，大量中间投入品对能源的间接消耗产生的间接碳排放[176]。淘汰落后生产能力能够降低高耗能工业部门的直接碳排放，注重在企业生产过程中实现中间投入品的减物质化发展，能够减少第二产业的间接碳排放[175]。工业结构反映了地区间经济发展水平的差异和先进程度，轻、重工业结构与碳排放紧密联系，重工业是化石能源消耗最多的行业，其在工业中所占的比重越高，碳排放就会越多。工业结构调整指生产要素在低能耗、低排放的轻工业与高能耗、高排放的重化工业之间的流动，促进生产要素由高能耗和高排放的密集型重工业向技术集约化的轻工业流动有助于降低碳排放[177]。

目前，产业结构和工业结构的不合理，尤其是重化工业高速发展引发了高能耗，制约了我国的能源效率水平，导致了碳排放的快速上升。我国不同地区工业化水平不同，并且不同时期产业结构对碳排放的影响方向和程度也可能不同。因此，进一步探讨我国产业结构对碳排放的影响是十分必要的。

第三，能源消费结构对碳排放的影响。能源消费结构是影响碳排放的重要因素，能源消费结构不同，碳排放的总量也会大为不同。从图 3.2 可以看出，能源消费结构对碳排放有直接影响。大量研究表明，碳排放主要来自化石能源的使用。在四大类能源中，煤炭的碳含量较高，煤炭消费产生的碳排放系数最高；天然气和电力的碳含量较低，石油和天然气相对煤炭而言，对环境的污染较小，碳排放系数较小。如果碳排放系数较高的能源占比重较大的话，碳排放量就会较高[123]。由于多年来我国以煤炭消费为主，经济呈现粗放型增长方式，这必然导致碳排放量的增加。因此，必须优化能源消费结构，但能源消费结构调整在根本上受到能源禀赋的制约[177]。在我国化石能源储量固定的前提下，今后长期面临的能源消费结构调整方向，就是要改变煤炭比例过高的状况，加大对低碳和无碳替代资源的使用与开发，实现能源的多元化消费，这样既可以实现能源结构的优化升级，也能降低碳排放[178]。

第四，能源价格对碳排放的影响。能源价格是影响能源消费的重要因素，合理的价格体系是有效的经济杠杆。实际经济运行中，基于能源价格-经济发展-环境效益大系统，能源价格通过影响经济发展进而影响碳排放[179]。从图 3.2 可以看出，能源价格通过作用于从经济增长、产业结构、技术进步和能源消费结构，进而作用于碳排放。首先，能源价格通过影响经济增长，进而影响碳排放。经济增长需要消耗能源，必然导致碳排放的增加，而能源价格是影响需求的重要因素，能源需求直接影响能源消耗。因此，理论上能源价格必然对碳排放产生影响。其次，能源价格通过影响产业结构，进而影响碳排放。能源价格变化对能源投入较少和较多行业的生产活动分别起到了鼓励和抑制作用，从而引发产业结构的调整和优化[180]。由于不同产业对能源的消耗量不同，产业结构的调整会影响能源消耗进而对碳排放产生影响。再次，能源价格通过作用于技术进步，进而影响碳排放。能源价格上升导致能源成本的大幅提高，企业在利润导向下，有动力不断采用新技术提高能源效率，从而降低碳排放[149]。最后，能源价格通过影响能源消费结构，进而影响碳排放[179]。例如，近年来石油价格的提高可能会促使能源消费者利用风能、太阳能等新能源，从而促进能源效率的提高、降低碳排放；但石油价格的上升也可能使能源消费者利用煤炭等价格相对便宜的能源，使煤炭比重的增加，这将增加碳排放。

长期以来，我国能源价格的市场化程度不高，能源资源价格偏低，价格机制难以起到调节资源的生产和消费行为的作用。自2000年以来，我国石油、电力和煤炭价格逐步放开，研究该阶段前后能源价格对碳排放的影响具有现实意义。

第五，对外贸易对碳排放的影响。从图3.2可以看出，对外贸易对碳排放的影响是间接的。国际贸易分工对碳排放的影响具有双重作用：一方面，对外贸易的扩张促进了节能技术及相关服务在全球范围内的扩散和使用，从而对环境产生积极的影响[135]；另一方面，一个国家通过出口贸易参与国际经济体系中，生产商品消费了国内大量的能源，进而导致滞留在国内的碳排放增加[155]。对外贸易的结构及贸易额也会影响一个国家的CO_2排放量，如果进口高耗能的资源密集型产品，将会降低本地区的碳排放；如果出口高耗能的资源密集型产品，将会增加本地区的碳排放[181]。目前，从我国的国际贸易结构来看，在出口贸易中高耗能、高碳排放商品占主导地位，涉及有色金属冶炼及压延业、电力、化工、黑色金属冶炼及压延业、煤炭采选、石油加工及炼焦等相关行业生产的产品，加上我国能源利用不合理，使出口贸易对碳排放量的增加起到了很大的推动作用。

第六，人口对碳排放的影响。人口增长是全球碳排放快速增长的重要驱动因素之一，从图3.2可以看出，人口对碳排放存在着直接和间接影响[173]。一方面，随着人口的增长，为满足人们在交通、电力和工业等方面的需要，更多化石能源将被开采和消耗，增加了碳排放；另一方面，人口增长不可避免地改变自然生态环境，减少了碳汇潜力，根据IPCC评估报告，因毁林等活动造成的温室气体排放约占全球总排放的17%～24%。中国人口基数大，不断增长的人口在一定程度上对能源消费量起到了驱动作用，从而提高了碳排放水平。

3.3　本章小结

本章在分析能源效率影响因素逻辑关系和碳排放影响因素逻辑关系的基础上，从理论角度探讨了能源技术创新等因素对能源效率和碳排放的作用机制，具体如下。

第一，能源效率的影响因素众多，各种影响因素之间存在错综复杂的关系，能源效率的变化往往是多种因素共同作用的结果。本章在厘清了能源效率影响因素逻辑关系的基础上，揭示能源技术创新及其他影响因素对能源效率的作用机制。能源技术创新是影响能源效率的关键因素，能源技术创新对能源效率的影响遵循技术进步对能源效率促进作用的七条关系链，其对能源效率的直接影响和间接影响既体现在能源消费部门和能源生产部门中，也体现在产业结构调整、能源消费结构优化和工业化水平提升的过程中。此外，进一步探讨了产业结构、能源消费结构、能源价格、工业化水平、市场化程度等因素对能源效率的作用机制。

第二，碳排放的影响因素众多，各种影响因素之间存在错综复杂的关系，碳排放的变化往往是多种因素共同作用的结果。本章在理清了碳排放影响因素逻辑关系的基础上，探讨能源技术创新及其他影响因素对碳排放的作用机制，剖析各影响因素是如何直接或者间接影响碳排放的。能源技术创新是影响碳排放的关键因素，其对碳排放的影响遵循技术进步对降低碳排放作用的六条关系链。能源技术创新一方面在能源的生产、运输和消费等环节起到降低碳排放的作用，另一方面通过推动产业结构调整降低高能耗产业产值在国民经济中的比重进而降低碳排放。此外，进一步剖析了经济增长、产业结构、能源消费结构、能源价格、对外贸易和人口等因素对碳排放的作用机制。

第4章　能源技术创新对省际全要素能源效率的影响

随着我国经济的持续增长、工业化进程的加快，能源消费正在急剧增长，所面临的资源环境压力越来越大，节能减排已经成为政府和社会各界关注的焦点，提高能源效率的紧迫性和重要性也愈加凸显。我国地区经济发展不平衡，技术发展水平也存在比较大的差异，使能源资源倾向于由效率低的地区向效率高的地区流动，这进一步拉大了地区之间能源效率的差距。许多研究认为在资源短缺、能源效率较低及环境压力大的多重约束下，依靠技术创新提高能源效率显得尤为重要。本章在第3章能源技术创新对能源效率的作用机制理论分析的基础上，实证检验我国能源技术创新对省际全要素能源效率的影响。

4.1　能源消费现状

4.1.1　全国能源消费现状

改革开放以来，随着我国经济的快速发展、工业化和城镇化进程的快速推进，能源消费量整体上呈现上升趋势。如图4.1所示，与1978年相比，1990年能源消费量增加了72.727%，2000年能源消费量增加了142.463%，2010年能源消费量增加了468.632%。从1978年以来，我国能源消费大致经历了三个发展阶段：第一个阶段从1978年至1996年，能源消费量稳步增长；第二个阶段从1997年至2000年，能源消费量有所下降；第三个阶段从2001年至2010年，尤其是2003年以后，能源消费量呈现高速增长的态势，此阶段我国经济正处在新一轮增长周期的上升期，经济迅猛增长，工业尤其是重工业的增长比较明显，住宅、汽车和家电等居民消费需求明显增加，这些对能源及运输的需求呈现持续强劲增长的态势，因此带动了我国能源消费的快速增长。

从全国的能源消费结构来看，我国一次能源消费结构相对稳定。如图4.2所示，煤炭消费一直占有主导地位，1978年至1997年煤炭消费量占能源消费量的比例达到70%以上，1998年至2010年煤炭消费量所占比例虽然有所下降，但仍然保持在66%以上。石油消费占能源消费量的比例一直在20%上下波动，2010

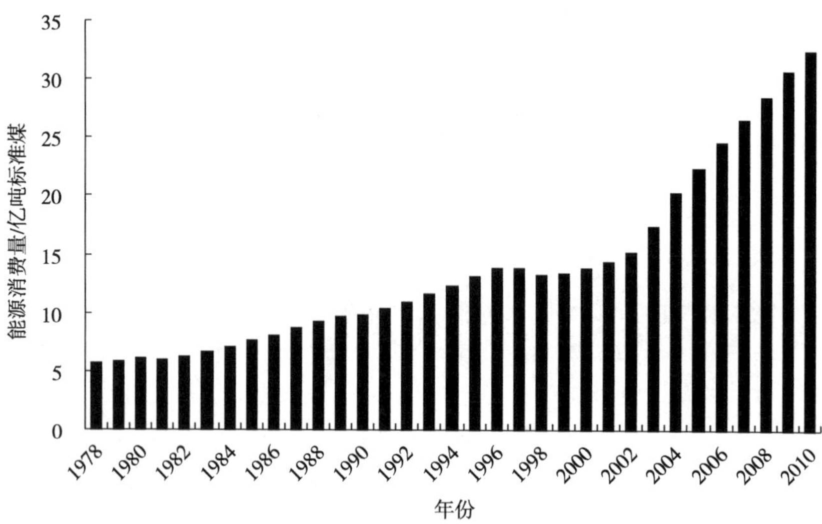

图 4.1　1978～2010 年中国能源消费量变化趋势

资料来源：《新中国六十年统计资料汇编》；《中国统计年鉴》(2009～2011 年)

年中国石油消费占比为 19.0%；虽然中国是世界石油消费大国，但石油占能源消费量的比例远远低于 34.8%的世界平均水平。天然气、水电、核电和风电等清洁能源在一次能源消费量中所占比例一直较低，但处于增长趋势，所占比例从 1978 年的 6.6%上升到 2010 年的 13.0%。

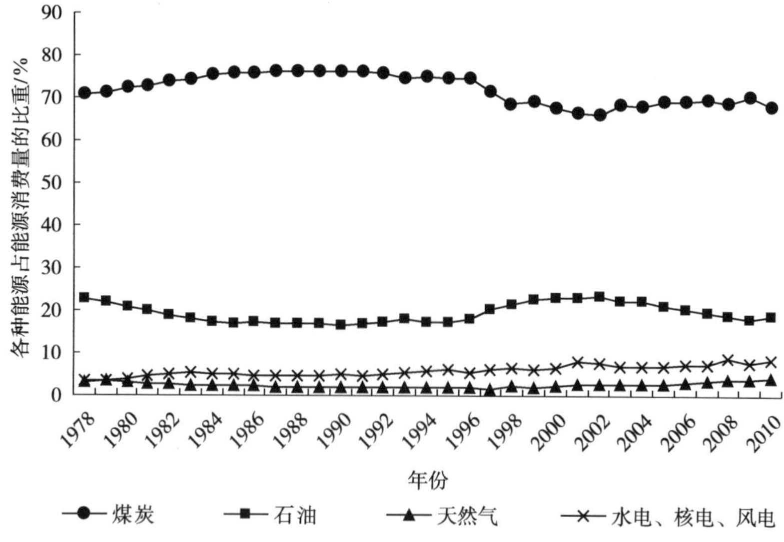

图 4.2　1978～2010 年中国各种能源占能源消费量的比重

资料来源：《新中国六十年统计资料汇编》；《中国统计年鉴》(2009～2011 年)

4.1.2　能源消费的省际差异

我国能源消费量和增长速度存在明显的区域差异①，如表 4.1 所示。从能源消费量来看，东部地区能源消费量高于中部地区，中部地区高于西部地区。能源消费较多的省份主要集中在东部经济发达地区，1990 年以来，东部地区能源消费量约占全国能源消费量的一半。从三大区域能源消费量的变化情况来看，均呈现增长趋势，但增长速度有所差异，东部地区能源消费增速最快，2009 年能源消费量是 1990 年的 4.162 倍；其次是西部地区，2009 年能源消费量是 1990 年的 4.059 倍；中部地区增速最小，2009 年能源消费量是 1990 年的 3.042 倍。上述数据表明，我国东部、中部、西部地区间的能源消费差距在进一步拉大。

表 4.1　东部、中部、西部地区主要年份能源消费量及增长速度

地区	能源消费量/万吨标准煤					2009 年/1990 年
	1990 年	1995 年	2000 年	2005 年	2009 年	
东部地区	41 767	60 172	72 547	127 828	173 841	4.162
中部地区	31 304	41 130	40 622	68 083	95 239	3.042
西部地区	21 718	30 572	35 611	64 392	88 155	4.059

资料来源：《新中国六十年统计资料汇编》；《中国统计年鉴》(2009～2011 年)

从各省市能源消费量来看，如表 4.2 所示，在 29 个省市中，2009 年能源消费量超过亿吨标准煤的省(自治区、直辖市)有 14 个，主要集中在经济大省和能源生产大省。山东能源消费量最高，超过 3 亿吨；河北、江苏、广东、四川(含重庆)4 个省(直辖市)超过 2 亿吨；辽宁、浙江、上海、黑龙江、山西、河南、湖北、湖南、内蒙古 9 个省(自治区)超过 1 亿吨。与 1990 年相比，2009 年能源消费量增长速度较快的省(自治区)包括：福建、海南、广东、内蒙古在 6 倍以上，浙江、广西在 5 倍以上，河北、江苏、山东、云南、青海、宁夏在 4 倍以上。而北京、天津、辽宁、吉林、黑龙江、甘肃 6 个省(直辖市)增速相对较慢，增速在 2 倍左右。

① 参照国家统计局对我国三大经济区域的划分，考察的样本不包括西藏和港澳台(西藏数据严重缺乏)，重庆市 1996 年以后的各项指标数据并入四川省。因此，本章将我国 29 个省(自治区、直辖市，不包括港澳台和西藏、重庆)分为东、中、西三部分。东部地区包括 11 个省级行政区，分别是北京、天津、河北、辽宁、上海、江苏、浙江、福建、山东、广东、海南；中部地区包括 8 个省级行政区，分别是黑龙江、吉林、山西、安徽、江西、河南、湖北、湖南；西部地区包括 10 个省级行政区，分别是四川(包含重庆)、贵州、云南、陕西、甘肃、青海、宁夏、新疆、广西、内蒙古。

表 4.2　2009 年各省(自治区、直辖市)能源消费量及增长率

省(自治区、直辖市)	2009 年能源消费量/万吨标准煤	2009 年/1990 年	省(自治区、直辖市)	2009 年能源消费量/万吨标准煤	2009 年/1990 年	省(自治区、直辖市)	2009 年能源消费量/万吨标准煤	2009 年/1990 年
北京	6 570	2.425	海南	1 233	7.762	贵州	7 566	3.553
天津	5 874	2.882	吉林	7 698	2.185	云南	8 032	4.110
河北	25 419	4.151	黑龙江	10 467	1.889	陕西	8 044	3.593
辽宁	19 112	2.665	山西	15 576	3.307	甘肃	5 482	2.521
上海	10 367	3.345	安徽	8 896	3.213	青海	2 348	4.656
江苏	23 709	4.304	江西	5 813	3.355	宁夏	3 388	4.790
浙江	15 567	5.696	河南	19 751	3.794	新疆	7 526	3.911
福建	8 916	6.114	湖北	13 708	3.425	内蒙古	15 344	6.331
山东	32 420	4.747	湖南	13 331	3.489	广西	7 075	5.408
广东	24 654	6.263	四川	23 352	3.676			

资料来源：《新中国六十年统计资料汇编》；《中国统计年鉴》(2009～2011 年)

我国不同区域由于资源状况不同，导致了各地区能源消费结构也存在很大的差异。从各省的能源消费结构来看，虽然不同省市间存在比较大的差异，但煤炭消费仍占主导地位。煤炭消费比例较高的省市多集中在能源消费量高的地区，近十年来煤炭消费所占比重较高的省(自治区)如河北、内蒙古、辽宁、安徽、河南、山东、江苏、安徽等①。这些地区主要是经济大省和能源生产大省，能源消费较高的原因表现在两方面：一方面受到经济发展水平的影响，另一方面，如内蒙古、辽宁等地区受到煤炭生产和煤炭消费的双重影响。从其他能源消费所占比重的省际差异情况来看，2008 年石油消费占能源消费量比例最高的地区是上海，达到 40.9%；其次是海南，达到 38.1%；近十年来，北京、天津、广东、黑龙江、山西、山东等石油消费比例较高的省(直辖市)均保持在 19%以上；水电消费占能源消费量比较高的省市集中在青海、云南、湖北、福建、广西等地区，这一比例保持在 10%以上②。

4.1.3　省际能源强度比较

能源强度即单位 GDP 能源消费量，是衡量一个国家或地区能源利用效率的重要指标之一。如图 4.3 所示，我国能源强度在 1995～2010 年呈下降趋势，从 1995 年的 2.158 吨标准煤/万元下降至 2010 年的 0.81 吨标准煤/万元，年均下

① 资料来源：《中国统计年鉴》(2009～2011 年)。

② 数据来源：《新中国六十年统计资料汇编》；《中国统计年鉴》(2009～2011 年)。

降 3.904%。同时期 GDP 和能源消费量均保持了持续增加，说明单位 GDP 能耗下降的原因是能源利用效率的提高和经济总量的快速增加。从东部、中部、西部三大区域来看，在 1995～2010 年，东部较发达地区的能源强度相对较小，西部地区的能源强度较大，而中部地区保持中等水平，表明东部地区的能源利用效率较高，而中部、西部地区的能源利用效率相对较低。在此期间，三大区域能源强度总体呈现下降趋势，东部与中部、西部地区能源强度的差距逐渐缩小，原因可能在于近十几年来我国政府高度重视中部、西部地区的经济发展，采取东部地区技术支援等方式提高其技术水平，进而降低了能源消耗强度；而中部与西部地区能源强度的差距出现了先变大、再变小的波动趋势。

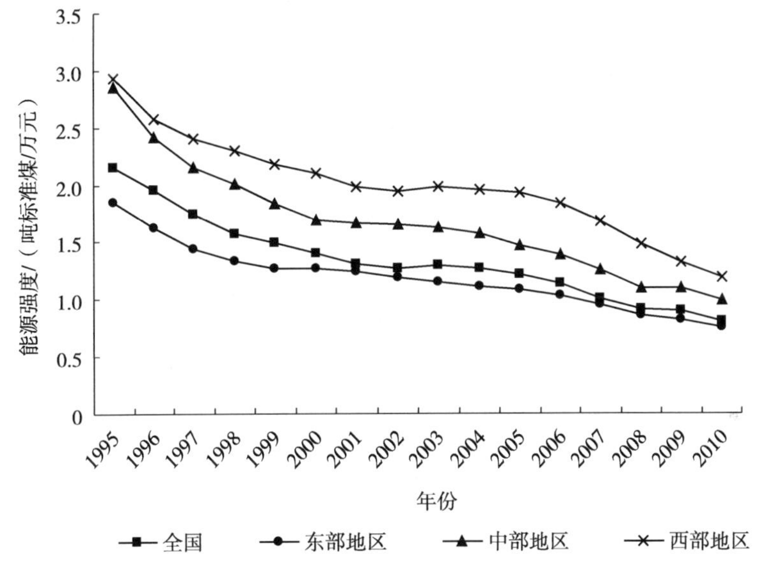

图 4.3　1995～2010 年全国及东部、中部、西部地区能源强度变化趋势

从省际层面来看，1995～2010 年各省市的能源强度都普遍降低，能源强度下降最快的省份包括山西、甘肃、贵州，年均分别下降了 0.268 吨标准煤/万元、0.217 吨标准煤/万元和 0.191 吨标准煤/万元。各省市能源强度存在比较大的差异，如表 4.3 所示，能源强度较低的省(直辖市)主要集中在东部区，如北京、上海、天津、江苏、浙江、福建、山东、广东、海南等地区，2010 年能源强度均低于 1 吨标准煤/万元；能源强度较高的省市主要集中在资源型和重工业化的中西部地区，如山西、黑龙江、贵州、甘肃、青海、宁夏、新疆、内蒙古等内陆地区，2010 年能源强度都高于 1 吨标准煤/万元。此外，东部地区中河北、辽宁两省的能源强度也较高，主要原因在于这些地区钢铁、石化等高耗能产业占较大比重，需要通过加快淘汰能耗高、效率低、污染重的工艺、技术和设备等方式降低

其能源强度。

表 4.3 1995 年与 2010 年各省(自治区、直辖市)能源强度(单位：吨标准煤/万元)

省(自治区、直辖市)	1995 年	2010 年	省(自治区、直辖市)	1995 年	2010 年	省(自治区、直辖市)	1995 年	2010 年
北京	2.344	0.493	海南	0.852	0.658	贵州	4.839	1.776
天津	2.756	0.739	吉林	3.477	0.957	云南	2.161	1.201
河北	3.121	1.349	黑龙江	3.245	1.083	陕西	2.767	0.877
辽宁	3.359	1.135	山西	6.109	1.827	甘肃	4.908	1.437
上海	1.787	0.653	安徽	2.316	0.785	青海	4.098	1.902
江苏	1.561	0.622	江西	2.045	0.672	宁夏	4.425	2.179
浙江	1.364	0.608	河南	2.166	0.928	新疆	3.354	1.525
福建	1.088	0.666	湖北	2.681	0.948	内蒙古	3.814	1.441
山东	1.773	0.889	湖南	2.545	0.929	广西	1.507	0.828
广东	1.190	0.585	四川	2.753	1.025			

资料来源：《中国统计年鉴》(1996～2011 年)

4.2 省际全要素能源效率的测算

目前关于能源效率测算方法的文献，从投入要素的角度来看主要分为单要素能源效率和全要素能源效率两种(详细介绍见 2.2.1 小节)。单要素能源效率测度方法虽然在计算上较为方便可行，但却采用了不同的“能源投入”和“有用产出”指标，可能导致测算结果不一致，如能源强度指标广为采用，它仅衡量了能源与经济产出之间的比例关系，无法反映劳动力和资本等要素对能源的替代作用[30]。在实际生产中，包括资本、劳动和能源等投入要素，最终的产出和所有投入要素是相关联的，仅用能源与经济产出的比值衡量能源效率存在一定的局限性。而全要素能源效率测度方法则弥补了这一不足，其发展得益于技术效率的概念。Farrell[77]认为技术效率是指如何实现资源的最优利用，即在一定产出水平下实现投入最小化的能力，或者在确定的各种投入要素条件下实现最大产出的能力。基于DEA 方法发展起来的全要素能源效率模型包括全要素能源技术效率、全要素能源经济效率和全要素能源相对效率三种模型，全要素能源技术效率本身并没有特别凸显能源特征，因全要素能源经济效率对数据要求较高在实证研究中比较少见，全要素能源相对效率则考虑了多种投入要素情况下能源要素的利用效率。全要素能源相对效率来源于 Hu 和 Wang[81] 提出的全要素能源效率的概念和计算方法，假设其他投入要素保持不变，按照最佳生产方式，一定产出水平下最少能源投入量与实际能源投入量的比值。Hu 和 Wang[81] 认为经济产出是资本、劳动和能源等要素共同作用的结果，能源和其他投入要素相互关联，有效克服了能源强度等方法过于强调能源作为单一投入要素的缺陷。因此本章及第 5 章均采用全要素能源相对效率测度能源效率，一方面能够反映资本、劳动力和能源等多种投入要素与产出之间的关联，另一方面能够反映能源要素的实际利用程度。

4.2.1　全要素能源效率模型介绍

DEA 法是 1978 年由美国著名运筹学家 Charnes 和 Cooper 提出的，该方法以相对效率为基础，评价具有相同输入输出指标的多个投入多产出 DMU 之间的相对有效性。

DEA 采用线性规划技术把每个 DMU 投影到有效前沿面上，然后建立经验性生产边界，再比较 DMU 偏离前沿面程度的基础上，评价其相对有效性。假定有 I 个 DMU，每个 DMU 有 N 种投入和 M 种产出，第 j 个 DMU 的投入与产出分别用 $\boldsymbol{x}_j=[x_{1j},\ x_{2j},\ \cdots,\ x_{nj}]^{\mathrm{T}}$ 与 $\boldsymbol{y}_j=[y_{1j},\ y_{2j},\ \cdots,\ y_{mj}]^{\mathrm{T}}$ 表示，通过线性规划可以得到下面的 DEA 优化模型。

$$
\begin{aligned}
&\text{Min } \theta \\
&\text{s.t. } \sum_{j=1}^{n}\lambda_j x_j + s_i^- = \theta x_0, \quad i=1,\ 2,\ \cdots,\ N \\
&\sum_{j=1}^{n}\lambda_j y_j - s_r^+ = y_0, \quad r=1,\ 2,\ \cdots,\ M \\
&\lambda_j \geqslant 0,\ s_i^- \geqslant 0,\ s_r^+ \geqslant 0
\end{aligned}
\tag{4-1}
$$

其中，θ 表示投入对于产出的有效利用程度；λ_j 为 DMU 的线性组合效率；s_i^-、s_r^+ 分别表示 N 种投入和 M 种产出的松弛变量。如果 $\theta=1$ 且 $s_i^-=0$、$s_r^+=0$，说明该 DMU 为 DEA 有效单元，同时达到技术和规模有效，其形成的效率前沿面为规模收益不变；若 $\theta=1$，s_i^-、s_r^+ 至少有一个不为 0，则该 DMU 为弱 DEA 有效；若 $\theta<1$，$s_i^-\neq 0$、$s_r^+\neq 0$，说明该 DMU 为 DEA 无效单元，可能是技术无效或者规模无效。

一般而言，用 DEA 方法可以基于投入或产出角度测算技术效率。基于投入角度测算技术效率，是在产出既定的情况下组合投入要素的比例使投入量最小；从产出角度测算技术效率，是在投入要素既定的情况下使产出最大。CRS 的假设下，基于投入和产出两种方法测算的技术效率结果相同；但在可变规模报酬(variable returns to scale，VRS)假设下，采用两种方法测算技术效率的结果是不同的。本书关注产出既定情况下使用最少的投入要素，因此对全要素能源效率进行测算时，都将采用 CRS 假设下基于投入导向的 DEA 模型。

在 CRS 假设下，若基于投入导向的 DEA 的 DMU 无效，可以依据 DMU 在效率前沿面上的投影进行改进。如图 4.4 所示，M、N、E、F 为四个 DMU，

GDP 为产出变量，它依赖于能源、资本等其他要素的共同投入。E 和 F 处在最佳前沿面 $L\text{-}L'$（效率为 1）上，因而 E、F 是有效的，但 M、N 两个 DMU 是无效的。按照 Farrell 对技术效率的定义，M 和 N 点的技术效率可以分别用 OM'/OM 和 ON'/ON 来表示。无效点 N 的效率前沿参照点是 N'，在保持产出不变时可以通过径向调整（radial adjustment）量减少 NN' 要素投入量达到点 N'，计算公式可表示为 $\Delta r=(1-\theta)x_i$。无效点 M 在效率前沿上的参照点是 E，点 M 可以在保持产出不变时通过径向调整将要素投入量减少 MM'；然后在 M' 点可以继续减少能源投入 $M'E$ 并到达 E 点，$M'E$ 为点 M 的投入调整（slack adjustment）量。ME 需要调整与节省的能源消费量越少，则该点的能源效率就越高。

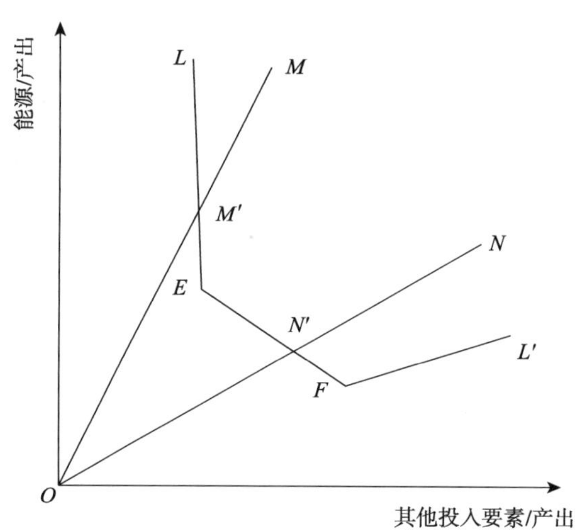

图 4.4　基于投入导向的 CRS DEA 模型

根据以上对 DEA 模型、径向调整量与松弛调整量的分析，可构造 i 省 t 年的全要素能源效率，计算指标如下。

$$\mathrm{TFEE}_{i,t}=\frac{\mathrm{EnergyTarget}_{i,t}}{\mathrm{EnergyActual}_{i,t}} \tag{4-2}$$

$$\mathrm{EnergyTarget}_{i,t}=\mathrm{EnergyActual}_{i,t}-\mathrm{EnergyAdjustment}_{i,t} \tag{4-3}$$

其中，$\mathrm{TFEE}_{i,t}$ 为 i 省市 t 时期全要素能源效率；$\mathrm{EnergyTarget}_{i,t}$ 为 i 省市 t 时期目标能源投入量；$\mathrm{EnergyActual}_{i,t}$ 为 i 省市 t 时期为实际能源投入量；Energy $\mathrm{Ajustment}_{i,t}$ 为 i 省市 t 时期能源调整量和损失量，即能源投入要素的径向调整量与松弛调整量之和，是实际能源投入中无效率的部分，调整量越大则越没效率。当某个区域不需要进行任何调整时，说明它处在最优的前沿面上，是所有区域当中能源效率最佳的区域。

基于式(4-2)可以构造由多个地区构成的区域全要素能源效率，式(4-4)为

$$\mathrm{TFEE}_{a,t}=\frac{\mathrm{EnergyTarget}_{a,t}}{\mathrm{EnergyActual}_{a,t}}=\frac{\sum_{i\in a}\mathrm{EnergyTarget}_{i,t}}{\sum_{i\in a}\mathrm{EnergyActual}_{i,t}} \tag{4-4}$$

其中，$\mathrm{TFEE}_{a,t}$为a地区t时期全要素能源效率；$\mathrm{EnergyTarget}_{a,t}$为$a$地区$t$时期目标能源投入量；$\mathrm{EnergyActual}_{a,t}$为$a$地区$t$时期实际能源投入量。

Hu 和 Wang[82]认为能源投入的目标是在最佳实践情况下能源投入的最低水平，当存在能源投入冗余时，目标能源投入总是小于或者等于实际能源投入，因而全要素能源效率的取值区间为 0～1。当全要素能源效率接近 1 时，表明该 DMU 能源利用效率较高；反之，当全要素能源效率接近 0 时，说明能源利用效率较低。

4.2.2　全要素能源效率数据说明

本章选取了 1995～2009 年我国 29 个省(自治区、直辖市，不包括港澳台和西藏，重庆市数据包含在四川省内)的数据进行区域全要素能源效率的计算(本章关于东部、中部、西部地区划分详见 4.1.2 小节)。选取 GDP 作为产出变量，一次能源消费量、劳动人数和资本作为投入变量。具体说明如下。

(1)产出数据：以每年 GDP 计算，以 1990 年不变价格折算。数据来源于《中国统计年鉴》(2009～2010 年)和《新中国六十年统计资料汇编》，单位为亿元。

(2)能源投入：以每年各省(自治区、直辖市)的能源消费量为基础数据。数据来源于《中国能源统计年鉴》(2009～2010 年)和《新中国六十年统计资料汇编》，单位为万吨标准煤。

(3)资本投入：由于中国资本存量数据无法直接从统计年鉴得到，目前普遍使用 Goldsmith 在 1951 年开创的永续盘存法。计算公式为

$$K_{jt}=I_{jt}+(1-\delta)K_{jt-1} \tag{4-5}$$

其中，K_{jt}为第j省份t期资本存量；δ为折旧率；I_{jt}为j省份t期资本投资额。单豪杰[182]在对基期资本存量与折旧率进行细致推算的基础上，基于国家统计局对经济普查与年度修正的最新数据资料，重新估算了 1952～2006 年全国与省际资本存量。本书直接采用单豪杰的研究结果，2007～2009 年数据则根据相同方法进行了补充计算，单位为亿元。由于原始数据以 1952 年不变价格计算的实际 GDP 来表示，为了保证投入和产出统计口径的一致性，本章采用 GDP 平减指数对资本存量以 1990 年不变价格进行折算。

(4)劳动投入：劳动投入指标采用当前从业人员数表示，不考虑劳动种类与劳动质量。以各年初和年末就业人数的平均值计算。数据来源于《中国统计年鉴》(2009～2010 年)和《新中国六十年统计资料汇编》，单位为万人。

4.2.3 全要素能源效率结果分析

本章选取基于投入导向型的 CRS 的 DEA 模型，以 GDP 作为产出变量，以一次能源消费量、劳动人数和资本作为投入变量，使用 DEAP 2.1 软件计算出 1995～2009 年中国各省份能源消费的目标值，并根据 4.2.1 小节的计算方法，可以得到 1995～2009 年中国各省份和不同地区的全要素能源效率。

我国全要素能源效率基本呈现“先上升，再下降，再上升”的趋势，如图 4.5 所示，在 1995～2002 年呈现缓慢上升趋势，2003 年和 2004 年下降，2005 年上升后又有所下降，2008～2009 年有所上升。根据计算结果，1995～2009 年我国全要素能源效率值维持在 0.66～0.75。从空间分布规律来看，东部、中部和西部地区全要素能源效率水平依次递减，同大多数关于能源效率地区间差异比较的研究结论是一致的[183]。1995～2009 年东部地区全要素能源效率的平均值是 0.863，中部地区的全要素能源效率的平均值是 0.642，西部地区的全要素能源效率的平均值是 0.56，东部地区全要素能源效率明显高于全国和中部、西部地区，中部地区高于西部地区，这与徐盈之和管建伟[184]等学者的研究结论一致。1995～2009 年三大区域能源效率总体保持平稳上升，但变化过程不尽相同，将此期间的变化分两个阶段：一是在 2005 年之前，东部、中部、西部地区表现出相同的变化趋势，在 2002 年前大体保持上升趋势，2002～2004 年持续下降，2005 年均上升；二是在 2005 年之后，东部地区的全要素能源效率持续上升，而中部、西部地区的全要素能源效率却出现了波动，这可能主要由加速的重工业化进程所致。

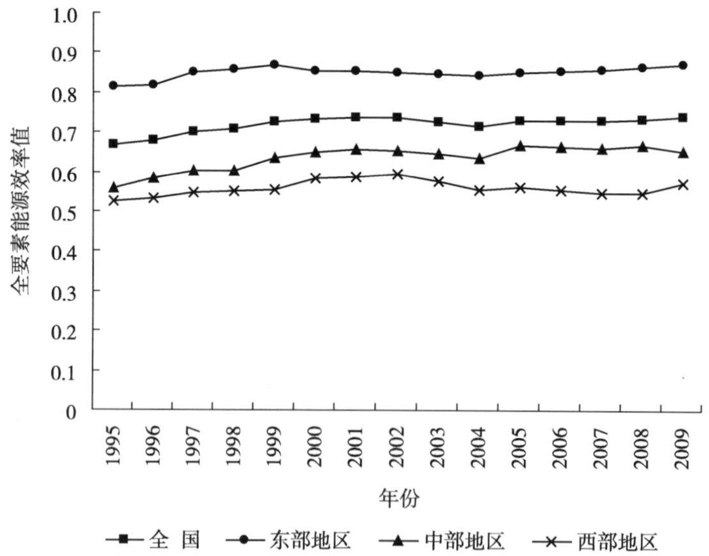

图 4.5 1995～2009 年全国及东部、中部、西部地区全要素能源效率变化趋势

我国全要素能源效率在省际的差距较为明显，并且省域能源效率与所处地区经济发展水平密切相关。如表 4.4～表 4.6 所示，东部地区的全要素能源效率较高，中部地区次之，西部地区最低，基本上呈现东部、中部、西部依次递减的格局，这与大多数学者的研究结果一致[183]。上海、广东、辽宁、福建和云南在 1995～2009 年均处在前沿面上，天津和海南也有多年处在前沿面上，江苏、浙江、山东、安徽、广西等省份的全要素能源效率靠近效率前沿面，这与陈德敏等[185]的研究结论基本一致，说明这些省份相对能源效率较优，在同样产出水平下实现了最小能源投入。而内蒙古、宁夏、青海、贵州、甘肃、新疆、山西等省(自治区)离最佳前沿面的距离较远，说明这些省(自治区)的全要素能源效率相对较低，测算结果与杨正林和方齐云[186]等学者的研究结论基本一致，意味着无效损失较高，因此，这些省(自治区)是我国节能降耗的重点地区。从各省(自治区、直辖市)全要素能源效率的变化趋势来看，可以分成两个阶段：第一阶段是在 1995～2004 年，中国大多省(自治区、直辖市)全要素能源效率符合“先上升，再下降”的特点；第二阶段是在 2005～2009 年，除了天津、辽宁、上海、安徽、福建、广东、云南全要素能源效率一直处于前沿面上外，本书测算的其他省(自治区、直辖市)全要素能源效率有的处于一致上升趋势，而有的则先上升后下降或者是处于波动状态。

表 4.4 1995～2009 年东部地区各省(自治区、直辖市)全要素能源效率

省(自治区、直辖市)	1995 年	1996～2000 年平均值	2001～2005 年平均值	2006～2009 年平均值	全时期平均值
北京	0.739	0.767	0.799	0.822	0.796
天津	0.424	0.896	1.000	1.000	0.947
河北	0.611	0.613	0.597	0.599	0.602
辽宁	1.000	1.000	1.000	1.000	1.000
上海	1.000	1.000	1.000	1.000	1.000
江苏	0.714	0.809	0.878	0.898	0.865
浙江	0.879	0.883	0.880	0.904	0.891
福建	1.000	1.000	1.000	1.000	1.000
山东	0.710	0.723	0.708	0.746	0.728
广东	1.000	1.000	1.000	1.000	1.000
海南	1.000	0.995	0.945	0.992	0.977

表 4.5 1995～2009 年中部地区各省(自治区、直辖市)全要素能源效率

省(自治区、直辖市)	1995 年	1996～2000 年平均值	2001～2005 年平均值	2006～2009 年平均值	全时期平均值
吉林	0.593	0.649	0.662	0.644	0.648
黑龙江	0.531	0.611	0.710	0.736	0.678

续表

省(自治区、直辖市)	1995年	1996～2000年平均值	2001～2005年平均值	2006～2009年平均值	全时期平均值
山西	0.434	0.499	0.564	0.535	0.531
安徽	0.757	0.852	0.979	1.000	0.943
江西	0.462	0.624	0.619	0.659	0.629
河南	0.493	0.501	0.515	0.529	0.517
湖北	0.675	0.651	0.652	0.717	0.678
湖南	0.557	0.639	0.669	0.665	0.655

表4.6　1995～2009年西部地区各省(自治区、直辖市)全要素能源效率

省(自治区、直辖市)	1995年	1996～2000年平均值	2001～2005年平均值	2006～2009年平均值	全时期平均值
四川	0.573	0.613	0.650	0.679	0.649
贵州	0.370	0.369	0.346	0.362	0.359
云南	1.000	1.000	1.000	1.000	1.000
陕西	0.407	0.466	0.504	0.484	0.483
甘肃	0.308	0.308	0.338	0.360	0.337
青海	0.452	0.421	0.401	0.388	0.401
宁夏	0.429	0.418	0.333	0.279	0.324
新疆	0.325	0.402	0.502	0.449	0.449
广西	0.809	0.811	0.813	0.786	0.801
内蒙古	0.462	0.482	0.481	0.396	0.437

4.3　省际能源技术专利测算

根据图3.1的分析可知，新技术、新设备和新工艺的出现能够推动能源效率的提高，可以实现相同产出下节约能源投入或相同投入下扩大产出的目标。一般来说，技术创新影响一个地区的能源效率水平，不仅仅与新出现的技术有关，还与历史积累的技术有关；前者反映的是技术的流量方面，而后者反映的是技术的存量方面。专利是技术水平最直接的反映，是提供发明获得详细信息最为重要的指标，尽管不是所有的技术创新都申请了专利，但大部分会申请[187]。OECD[188]依据专利的保护期来近似估算专利的存量，由于我国专利制度不健全，专利的授权周期较长，以专利存量来考察技术创新对能源效率的作用有一定的滞后性。因此，本书只关注能源技术专利的流量方面，它能更加准确地反映能源技术的扩散与传播情况，本章及第 5 章、第 6 章、第 7 章都用能源技术专利申请量来表征能源技术创新。

4.3.1　能源技术专利的测算方法

《中华人民共和国专利法》把专利分为发明专利、实用新型专利与外观设计专利三种类型[25]。发明是指对产品、方法或者其改进提出的新的技术方案，主要体现技术的新颖性、创造性和实用性。取得专利的发明包括产品发明(如机器、仪器设备、用具等)和方法发明(如制造方法等)两大类，产品是指工业上能够制造的各种新制品，包括一定形状和结构的固体、液体和气体之类的物品；方法是指对原料进行加工，制成各种产品的方法。实用新型是指对产品的形状、构造或者两者结合提出的适于实用的新的技术方案，一般而言，实用新型专利保护的范围较窄，它只保护具有一定形状或结构的新产品，不保护方法及没有固定形状的物质。实用新型的技术方案更注重实用性，其技术水平与发明专利相比要低一些，多数国家实用新型专利保护的都是比较简单的、改进性的技术发明，可以称为“小发明”。外观设计是指对产品的形状、图案或其结合以及色彩与形状、图案的结合进行的富有美感并适于工业应用的新设计。外观设计专利实质上是保护美术思想，而发明专利和实用新型专利保护的是技术思想。虽然外观设计和实用新型与产品的形状有关，但两者的目的却不相同，前者的目的在于使产品形状产生美感，而后者的目的在于使具有形态的产品能够解决某一技术问题。由于外观设计专利起不到提高能源效率或降低碳排放的作用，因此，本章及第 5 章、第 6 章和第 7 章采用的专利数据把外观设计专利排除在外，仅包括发明专利和实用新型专利，这与 Dechezleprêtre 等[15]、Popp[16]等的研究一致。

本书中能源技术既包括能源部门的能源技术创新，也包括能源使用部门的能源技术创新。在参考了能源技术领域关于如何设计和检索与节能减排相关的专利的大量文献之后[15, 16, 57, 67]，本书选取了一系列能源技术领域①，并从这些能源技术领域中选取有助于促进节能减排的能源技术作为检索能源技术专利的依据。如表 4.7 所示，这些能源技术领域包括煤，石油，汽油，柴油，天然气，节电设备和技术，电动汽车，电动机、内燃机、发动机、涡轮，燃油(料)喷射，节能照明，CCS，与节能减排相关的炉具方面包含的领域：冶金、建筑、水泥、化工、供热、热交换、发电厂和家庭，太阳能，风能，海洋能，地热能，水力发电，核

---

①　在确定能源技术领域时除了参考 Dechezleprêtre 等、Johnstone 等、Popp、Popp 等的研究外，还参考了以下网站，http://www.energyblueprint.info/24.0.html 和http://carbonfreeenergy.com/。

能，生物质能和废弃物，合成气体，氢燃料，生物甲烷，生物柴油，乙醇。然后，从这些能源技术领域中选取能够推动节能减排的能源技术专利。选取的原则和方法如下：利用国家知识产权局通过两种方式识别相关专利的国际专利分类(international patent classification，IPC)代码。一是，基于最新 IPC 分类导航检索数据库中哪些类的描述是合适的；二是，使用相关的关键词查找专利标题和摘要，可以弥补第一种方式检索过程中可能遗漏的类。检索出的能源技术专利中包含每项专利的摘要项目，可以帮助我们进一步判断该项专利是否为促进节能减排的能源技术[15, 57, 67]。

表 4.7　能源技术领域汇总

能源技术领域	能源技术领域
煤	太阳能
石油	风能
汽油	海洋能
柴油	地热能
天然气	水力发电
节电设备和技术	核能
电动汽车	生物质能和废弃物
电动机、内燃机、发动机、涡轮	合成气体
燃油(料)喷射	氢燃料
节能照明	生物甲烷
CCS	生物柴油
与节能减排相关的炉具方面包含的领域：冶金、建筑、水泥、化工、供热、热交换、发电厂和家庭	乙醇

在上述检索能源技术专利的方法中，可能有两种错误发生：一是检索结果中包括了不相关的专利；二是检索结果中遗漏了相关的专利[15, 57, 67]。如果检索结果中包括了一些与节能减排技术无关的能源技术专利，那么第一类错误会产生。为了弥补第一类错误，仔细检查检索结果中每个 IPC 类涉及的所有专利标题，排除与节能减排技术无关的专利所涉及的 IPC 类。这种方法可能会导致第二类错误，使被剔除的某些类(这些类中可能一部分专利与促进节能减排的能源技术有关，一部分无关)中相关能源技术专利同时也被剔除。为了避免遗漏相关能源技术专利，需要同时检查处理发生第一类错误时被排除类中的专利标题和摘要，如电动汽车、生物柴油、节电设备或技术、供热设备等，进而把被剔除类中被遗漏的相关能源技术专利重新过滤出来。

4.3.2　能源技术专利数据说明

自从 1985 年专利制度实施以来，国家知识产权局网站（http://www.sipo.gov.cn/）公布了全部中国专利信息，包括发明、实用新型和外观设计三种专利的著录项目和摘要。通过访问中外专利数据库服务平台 IPC 导航检索系统，运用北京理工大学-美国佐治亚理工大学-英国曼彻斯特大学技术创新联合实验室的知识管理与数据分析软件系统，基于 4.3.1 小节中能源技术专利的测算方法，共检索出 1985～2010 年与节能减排相关的能源技术专利数据约 9.2 万条。对上述能源技术专利数据按照年份和省市进行统计，得到了 1995～2009 年我国 29 个省(自治区、直辖市，不包括港澳台和西藏，重庆市数据包含在四川省内)的能源技术专利数据。同时，把能源技术专利数据按照东部、中部、西部地区进行划分，从而确定不同地区的能源技术专利数量。

4.3.3　能源技术专利结果分析

近二十年来，中国政府意识到能源技术创新的重要性，制定了一系列政策诱导节能减排技术的发展，获得了大量的能源技术专利成果。如图 4.6 所示，1995～2009 年全国及东部、中部、西部地区能源技术专利申请量均呈现增长趋势。从全国来看，能源技术专利申请量瓮中保持增长趋势，尤其是从 2005 年开始显著增加；到 2009 年，全国能源技术专利申请量比 1995 年增加了将近七倍。东部地区能源技术专利申请量增长率高于全国，并且东部地区能源技术专利增长率明显高于中部和西部地区；而中部和西部地区增长率低于全国，中部地区增长率高于西部地区。不同地区间能源技术水平的差异，与国家近二十年来在政策上更加倾向于发展东部地区的经济和技术是密切相关的。

从各省能源技术专利的变化情况来看 1995～2009 年，我国所有省市能源技术专利申请量呈现持续增长的趋势。如表 4.8 所示，除海南外，东部地区能源技术专利申请量明显高于中部、西部地区各省(自治区、直辖市)的申请量，其中，1995～2009 年山东年均能源技术专利申请量在 400 件以上，北京、江苏、广东年均申请量在 300 件以上，辽宁、上海、浙江年均申请量在 200 件以上。中部地区能源技术专利申请量比较多的省份包括黑龙江、河南、湖北、湖南，1995～2009 年年均能源技术专利申请量均在 100 件以上，中部地区各省份能源技术专利申请量普遍高于西部地区各省(自治区、直辖市)。西部地区能源技术专利申请量比较多的省份包括四川(含重庆)、云南和陕西，除了四川(含重庆)年均申请量超过 100 件以外，其他省份均低于 100 件。从上述分析可以看出，我国能源技术发展水平比较高的省份主要集中在东部和南部沿海地区。因此，在加强东部地区能源技术自主创新能力的同时，需要进一步加大对中西部地区能源技术发展的扶持力度。

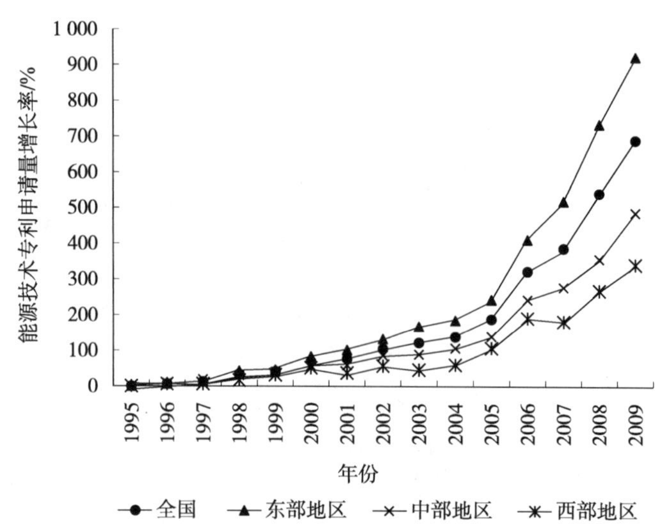

图 4.6 全国及东部、中部、西部地区能源技术专利申请量增长率(与 1995 年相比)

表 4.8 1995～2009 年各省(自治区、直辖市)能源技术专利年均申请量(单位：件)

省(自治区、直辖市)	年均申请量	省(自治区、直辖市)	年均申请量	省(自治区、直辖市)	年均申请量
北京	357	海南	5	四川	162
天津	75	吉林	83	贵州	41
河北	155	黑龙江	138	云南	73
辽宁	242	山西	68	陕西	74
上海	218	安徽	97	甘肃	31
江苏	382	江西	37	青海	9
浙江	245	河南	144	宁夏	11
福建	61	湖北	115	新疆	50
山东	428	湖南	122	内蒙古	55
广东	326	广西	54		

4.4 能源技术创新对省际能源效率影响的实证分析

4.4.1 能源技术创新对省际能源效率影响的模型设定

从 4.2.3 小节的计算结果可以看出，不同省份之间的全要素能源相对效率差异非常大，而且其变动趋势也日趋复杂，那么，有哪些影响因素导致了全要素能源相对效率的不同呢？本章在运用 DEA 模型求解得到我国各省份全要素能源效率的基础上，采用两阶段法(two-stage method)，进一步探讨我国不同区域能源技术创新对全要素能源效率的影响。由于全要素能源相对效率是一个数值介于 0 到 1 之间的受限变量，若采用传统线性方法直接对模型进行回归，可能会得到负的拟合值，而处理受限因变量的 Tobit 模型能弥补这一不足。对于面板数据而言，通常情况下，固定效应 Tobit 模型不能得到一致的估计值，因此，本章采用随机效应 Tobit 模型来检验能源技术创新对省际能源效率的影响，该模型适用于因变量具有部分连续分布和部分离散分布的情况，可用来解决受限或截断因变量建模问题。面板随机效应 Tobit 模型定义为

$$
\begin{gathered}
y_{it}^{*}=x_{it}'\beta+\gamma_i+u_{it}, \quad i=1, 2, \cdots, n \\
y_{it}=\begin{cases} y_{it}^{*}, & y_{it}^{*}>0 \\ 0, & y_{it}^{*}\leqslant 0 \end{cases}
\end{gathered} \tag{4-6}
$$

其中，y_{it}^{*} 为因变量；x_{it}' 为自变量；β 为相关系数；γ_i、u_{it} 为自变量的误差项。

假定随机效应 γ_i、u_{it} 是独立同分布的正态分布，独立于 x_{i1}，x_{i2}，…，x_{it}，期望为 0，方差分别为 σ_r^2、σ_u^2。我们可以得到下面的极大似然函数。

$$
f(y_{i1}, y_{i2}, \cdots, y_{it} \mid x_{i1}, x_{i2}, \cdots, x_{it}, \beta)=\int_{-\infty}^{+\infty} f(\gamma_i)\mathrm{d}\gamma_i \tag{4-7}
$$

其中，

$$
f(\gamma_i)=\frac{1}{\sqrt{2\pi\sigma_r^2}}\exp\left(-\frac{1}{2}\frac{\gamma_i^2}{\sigma_r^2}\right) \tag{4-8}
$$

$$
f(y_{it} \mid x_{it}, \gamma_i, \beta)=\begin{cases} \dfrac{1}{\sqrt{2\pi\delta_u^2}}\exp\left\{-\dfrac{1}{2}\dfrac{(y_{it}-x_{it}'\beta-\gamma_i)^2}{\delta_u^2}\right\}, & y_{it}>0 \\ 1-\varphi\left(\dfrac{x_{it}'\beta+\gamma_i}{\delta_u}\right), & y_{it}=0 \end{cases} \tag{4-9}
$$

基于 3.1 节能源技术创新对能源效率影响的理论分析，由图 3.1 可知，影响全要素能源效率的因素有很多，并且影响因素之间存在错综复杂的关系。研究能源技术创新对能源效率的影响，需要同时考虑多种因素的共同作用。这里主要从能源效率的直接影响因素入手选取变量，包括技术进步、产业结构、能源消费结构和工业化水平；由于生产规模主要影响产业层次的能源效率，而本章重点研究区域层次的能源效率，故不再考虑此因素。此外，由于我国不同地区间能源禀赋存在比较大的差异，一个地区的能源消费结构与其能源禀赋密切相关，在设计变量时将其纳入模型中；能源价格通过产业结构、能源消费结构和技术进步对能源效率起到调节效果，故将此变量纳入模型中；由于只研究国内能源技术创新，故不再考虑对外开放的作用。技术进步用能源技术专利来表示。基于上述变量选取

原则，设计变量指标如表 4.9 所示。

表 4.9 省际全要素能源效率影响因素变量说明

变量	定义及符号	数据来源及说明	参考文献
省际能源效率	各省全要素能源效率(TFEE)	基于全要素相对效率模型测算，介于 0～1	汪克亮等[115]、臧传琴和刘岩[108]
能源技术专利	各省能源技术专利申请量(PATENT)	国家知识产权局，单位：件	吴琦和武春友[168]
产业结构	各省第二产业总产值占各省市生产总值的比重(CS)	《中国统计年鉴》(1996～2010年)，以 1990 年不变价格折算	袁晓玲等[189]、胡根华和秦嗣毅[190]
能源消费结构	各省煤炭消费占本省能源消费量的比重(ES)	《中国能源统计年鉴》(1996～2010 年)	王兵等[191]、臧传琴和刘岩[108]
工业化水平	各省工业增加值占该省生产总值的比重(GL)	《中国统计年鉴》(1996～2010年)，以 1990 年不变价格折算	屈小娥[111]、高大伟[7]
能源禀赋	各省煤炭生产量与本省能源消费量的比值(EB)	《中国能源统计年鉴》(1996～2010 年)	高大伟[7]
能源价格	各省原材料、燃料动力购进价格指数(EP)	《新中国六十年统计资料汇编》和《中国能源统计年鉴》(1996～2010 年)，以 1990 年不变价格折算	屈小娥[111]、王兵等[191]

在上述变量中，大多学者认为技术进步有助于提高能源效率，但也存在一些相反的结论；产业结构是指宏观经济中第一、二、三产业所占比重，一般认为，第二产业所占比重越大，能耗越高，能源效率越低；能源消费结构是指一次能源消费中煤炭、石油、天然气以及水电、风电等可再生能源所占比重，煤炭消费所占比重越大，能耗越高，能源效率越低；工业化水平用于衡量一个国家或地区经济发展水平，通常工业化水平越高，则该地区能耗越低，能源效率则越高；就能源禀赋而言，我国沿海发达地区的原煤产量比较低，中西部经济欠发达地区原煤生产量较高，通常认为能源禀赋较高的地区能源利用效率较低。一般认为，合理的能源价格体系是提高能源效率的经济杠杆。

基于以上分析，本书运用面板随机效应 Tobit 模型构建如下计量模型。

$$\mathrm{TFEE}_{it}=C+\beta_1\mathrm{PATENT}_{it}+\beta_2\mathrm{CS}_{it}+\beta_3\mathrm{ES}_{it}+\beta_4\mathrm{GL}_{it}+\beta_5\mathrm{EP}_{it}+\beta_6\mathrm{EB}_{it}+\gamma_i+u_{it} \tag{4-10}$$

其中，i 为各个省市；t 为时间；γ_i 为随机变量，其随个体变化而变化但不随着时间变化，与解释变量不相关；u_{it}为随机变量，其随着时间和个体变化而变化。研究样本时间范围为 1996～2009 年，截面为 29 个省(自治区、直辖市)的面板数据。

4.4.2 能源技术创新对省际能源效率的影响

运用基于投入导向的 CRS 的 DEA 模型测算的省际全要素能源相对效率位于 0 到 1 之间，用传统的线性方法对模型进行回归有可能会产生较大偏差。因此，本章运用处理限值因变量的面板随机效应 Tobit 模型，研究能源技术创新等因素对我国省际全要素能源效率的影响。

分析能源技术创新对省际全要素能源效率影响的变量使用的是面板数据，首先需要对各变量进行平稳性检验。单位根检验方法是检验面板数据平稳性的常用方法，包括 LLC（Levin-Lin-Chu）检验、IPS（Im-Pesaran-Skin）检验、Fisher-ADF 检验等。本章主要依据 LLC 方法进行面板数据平稳性检验，检验结果如表 4.10所示。可以发现经过 LLC 单位根检验，能源技术专利和能源价格的水平值是非平稳的，但其一阶差分是平稳的。因此，需采用能源技术专利和能源价格的一阶差分值，而省际能源效率、产业结构、能源消费结构、工业化水平及能源禀赋都是平稳的，因此可以直接使用。

表 4.10　面板单位根检验结果

变量	检验类型(c，t，q)	统计量	P 值	结论
TFEE	(c，0，2)	−4.495	0.000	平稳
LNPATENT	(c，0，2)	4.937	1.000	不平稳
dLNPATENT	(c，0，1)	−20.144	0.000	平稳
CS	(c，0，2)	−2.009	0.022	平稳
ES	(c，0，2)	−1.843	0.033	平稳
GL	(c，0，1)	−2.120	0.017	平稳
EP	(c，0，1)	7.376	1.000	不平稳
dEP	(c，0，0)	−6.177	0.000	平稳
EB	(c，0，2)	−5.042	0.000	平稳

注：检验类型(c，t，q)中 c 代表截距项，t 代表时间趋势项，q 为基于 SIC 准则计算的滞后阶数

按照经济意义将上述变量划分为四类，技术因素包括能源技术专利，能源因素包括能源消费结构、能源禀赋，经济因素包括产业结构、工业化水平，市场因素包括能源价格。基于上述变量分类从三个层面设计模型研究能源技术创新对省际全要素能源效率的影响，模型 1 中只包括技术因素和经济因素，模型 2 中只包括技术因素和能源因素，模型 3 中则包括了技术、经济、能源和市场因素。按此划分进行回归，模型检验结果如表 4.11 所示，在三个模型中个体效应标准差和随机干扰项的标准差均很小。模型结果中，rho 值代表了个体效应的方差占总方

差的比例，发现三个模型的值都在 0.970 以上，说明个体效应的变化主要解释了省际全要素能源效率的变化。从三个模型的似然比(卡方)可以看出，不存在个体效应的零假设被拒绝。另外，对数极大似然值表明三个模型的拟合优度也都较好。从模型中我们可以发现下面一些结论。

表 4.11 省际全要素能源效率影响因素分析结果

变量	模型 1		模型 2		模型 3	
	系数	*P* 值	系数	*P* 值	系数	*P* 值
能源技术专利	0.009	0.094	0.009	0.073	0.009	0.066
产业结构	−0.148	0.006			−0.101	0.078
工业化水平	0.109	0.198			0.074	0.127
能源消费结构			−0.132	0.000	−0.123	0.000
能源价格					−0.002	0.115
能源禀赋			−0.006	0.316	−0.003	0.125
常数项	0.774	0.013	0.798	0.025	0.836	0.027
个体效应标准差	0.224	0.000	0.217	0.000	0.218	0.000
随机干扰项标准差	0.033	0.000	0.033	0.000	0.032	0.000
似然比(卡方)	10.110	0.018	26.190	0.000	29.990	0.000
rho	0.978		0.978		0.978	
对数极大似然值	655.509		663.213		664.967	

从表 4.11 的分析结果来看，模型 1 只考虑能源技术专利、产业结构和工业化水平三个变量，模型 2 只考虑能源技术专利、能源消费结构和能源禀赋三个变量及模型 3 考虑所有变量的情况下，能源技术专利与省际全要素能源效率在 10%的显著性水平均存在显著正向关系，表明能源技术专利能够提高能源效率。从模型 3 来看，能源技术专利每增加 1%，省际全要素能源效率则提高 0.009%，这说明我国近二十年来大力发展的化石能源技术和无碳能源技术，在提高能源效率方面取得了一定成效。

产业结构与省际全要素能源效率呈现显著的负向关系，模型 3 表明，1996～2009 年，第二产业总产值占地区生产总值的比重每增加 1%，能源效率下降 0.101%，表明第二产业总产值占地区生产总值比重的上升会降低全要素能源效率。由于不同产业的能源利用效率不同，产业结构变动会对能源效率产生影响，如果能源效率较高的产业上升较快，并且在国民经济中占有较大的比重，能源效率将会因此而提高[107]。产业结构与全要素能源效率存在负向关系的主要原因在于，第二产业中工业的能源消费占我国能源消费量的 70%以上，能源使用的密集性很高，且工业部门仍是国民经济各部门中能源利用效率最低的部门[32]。因此，产业结构优化升级有利于提高全要素能源效率。

工业化水平与省际全要素能源效率之间存在正向关系，但这一关系不显著。原因可能在于在我国的工业化进程中，国家、地方政府以及企业不断加大自主R&D(包括能源技术领域)的投入，这在一定程度上提高了我国工业的技术水平，同时也提高了工业行业的能源效率。但与此同时，近十几年来我国工业化进程明显加快，消耗了更多的能源，从而使技术进步对能源效率的提升作用不明显。

能源消费结构与全要素能源效率之间存在显著负向关系，模型 3 表明，各省市煤炭消费占一次能源消费量的比重每下降 1%，全要素能源效率则提高 0.123%。研究结果与唐玲和杨正林[107]等的研究结论一致，说明降低煤炭等化石能源在能源消费总量中的比重、完善能源消费结构有利于提高全要素能源效率。

能源禀赋与全要素能源效率呈负向关系，但这一关系不显著。本章用各省市煤炭生产量与本省市能源消费量的比值来表示，说明煤炭供给相对较高的地区全要素能源效率较低，而煤炭供给相对较低的地区全要素能源效率则较高。

能源价格与全要素能源效率呈负向关系，但不显著，这与汪克亮等[115]的研究结论一致。一般认为提高能源价格将会促使企业 R&D 采用新的节能技术，改善经营和管理，提高能源使用的效率。而负的相关系数则表明，我国的能源价格机制并未起到提高省际能源效率的作用。从整体上看，有两方面的原因：一方面，我国刚性的能源需求结构很难及时地对能源价格波动做出反应，难以在短时间内迅速调整投入要素比例；另一方面，我国市场机制发展还不成熟，能源价格长期受到国家控制，如对石油实行的是参考国际石油市场的管制价格，而对煤实行的是政府指导价格，虽然近年来政府管制相对放松，但从目前来看价格对我国能源使用的调节作用不强，最终使能源价格不能充分反映市场需求。

4.4.3　能源技术创新对东部、中部、西部能源效率的影响

我国不同区域经济发展水平、技术发展水平、能源禀赋等方面存在很大差异，为了比较不同地区能源技术专利等因素对全要素能源效率影响的差异，进一步将样本数据分为东部、中部和西部三类区域来进行检验。

依据 LLC 方法对东部、中部、西部地区各变量进行面板数据单位根检验。检验结果如表 4.12 所示，从东部地区来看，能源技术专利和能源价格的水平值是非平稳的，但其一阶差分是平稳的。因此，在考察东部地区各因素对省际全要素能源效率的影响时需采用能源技术专利和能源价格的一阶差分值，而省际全要素能源效率、产业结构、能源消费结构、工业化水平及能源禀赋都是平稳的，可以直接使用。中部和西部地区变量的平稳性与东部地区有些差异，能源技术专

利、产业结构和能源价格的水平值是非平稳的，但其一阶差分是平稳的。因此，在考察中部和西部地区各因素对省际全要素能源效率的影响时需采用能源技术专利、产业结构和能源价格的一阶差分值，而省际全要素能源效率、能源消费结构、工业化水平及能源禀赋都是平稳的，可以直接使用。

表 4.12　东部、中部、西部地区面板单位根检验结果

变量	东部地区		中部地区		西部地区	
TFEE	−2.249**	平稳	−2.673***	平稳	−3.330***	平稳
LNPATENT	3.695	不平稳	3.519	不平稳	0.926	不平稳
dLNPATENT	−12.470***	平稳	−11.182***	平稳	−12.629***	平稳
CS	−2.525***	平稳	0.423	不平稳	−0.948	不平稳
dCS			−5.761***	平稳	−9.023***	平稳
ES	−2.129**	平稳	−2.188**	平稳	−3.347***	平稳
GL	−2.719***	平稳	−2.062**	平稳	−1.728**	平稳
EP	3.267	不平稳	5.101	不平稳	4.706	不平稳
dEP	−4.282***	平稳	−3.389***	平稳	−3.076***	平稳
EB	−2.249**	平稳	−6.769***	平稳	−1.901**	平稳

***、**、*分别表示在1%、5%、10%显著性水平下拒绝零假设

表 4.13 给出了东部、中部、西部地区省际全要素能源效率影响因素分析模型检验结果，可以看出各个模型中个体效应标准差和随机干扰项标准差都很小。rho 值代表了个体效应方差占总方差的比例，三个地区模型的值都在 0.93 以上，说明个体效应的变化主要解释了省际工业全要素能源效率的变化。从三个模型的似然比(卡方)可以看出，不存在个体效应的零假设被拒绝。另外，从对数极大似然值可以看出 3 个模型的拟合优度也都较好。从模型中我们可以发现下面一些结论。

表 4.13　东部、中部、西部地区省际全要素能源效率影响因素分析模型检验结果

变量	东部地区		中部地区		西部地区	
	系数	*P* 值	系数	*P* 值	系数	*P* 值
能源技术专利	0.078	0.087	0.032	0.152	0.007	0.110
产业结构	−0.164	0.176	−1.331	0.013	−0.328	0.003
工业化水平	0.133	0.120	1.509	0.006	0.111	0.187
能源消费结构	−0.082	0.037	−0.145	0.030	−0.168	0.002

续表

变量	东部地区		中部地区		西部地区	
	系数	P 值	系数	P 值	系数	P 值
能源禀赋	0.001	0.161	−0.003	0.117	−0.002	0.131
能源价格	−0.016	0.104	0.010	0.136	−0.009	0.112
常数项	0.925	0.026	0.762	0.018	0.790	0.037
个体效应标准差	0.124	0.000	0.138	0.000	0.199	0.000
随机干扰项标准差	0.019	0.000	0.037	0.000	0.036	0.000
似然比(卡方)	13.340	0.038	16.38	0.012	28.200	0.000
rho	0.977		0.933		0.969	
对数极大似然值	327.825		174.259		219.287	

表 4.13 检验结果表明，在东部、中部、西部地区能源技术专利与全要素能源效率之间存在正向关系，但这一关系仅在东部地区显著，中部、西部地区不显著，东部地区能源技术专利每增加 1%，能源效率提高 0.078%。结果表明东部地区能源技术专利有效地促进了全要素能源效率的提高，而中部、西部地区能源技术专利对全要素能源效率的促进作用是有限的。一般认为，新技术的发明、扩散与 R&D 投资导致的技术创新促进了地区科技实力的提高，为能源利用效率的改进和降低碳排放提供了良好的技术支持。从结果中可以发现，能源技术专利对东部地区能源效率的正向影响明显高于中部、西部地区，中部地区高于西部地区。原因可能在于东部地区经济基础以及技术发展水平高于中部、西部地区，在高效化石能源技术方面和太阳能、风能、生物质能等低碳能源技术方面 R&D 投入也高于中部、西部地区，从而表现出较强的自主创新能力和对引进技术的消化吸收能力。一般来说，当经济发展程度较高时，会转而使用其他高效和清洁能源，进而使总能源消耗下降，因此东部地区在促进生产率提高和改善环境质量方面具有一定优势。

第二产业总产值占地区生产总值的比重与全要素能源效率在东部、中部、西部地区都存在负向关系，但这一关系在东部地区不显著，在中部、西部地区显著，并且中部地区的负向影响最大，其次是西部地区，东部地区的负向影响最小。一般认为，第二产业中包含众多“高耗能、高污染”的能源密集型行业，其比重的增加会降低能源效率。东部地区由于经济发展水平较高，全要素能源效率水平也较高，能源利用技术更为先进，因此东部地区第二产业的发展对全要素能源效率的负向影响最小。而中部地区自 2006 年国家实施促进崛起战略以来，第二产业持续快速增长，工业化进程明显加快，但是能源技术发展水平远低于东部地区，因此，造成了中部地区第二产业的发展对全要素能源效率的负向影响最大的局面。西部地区第二产业经济发展水平不高，市场发育程度不完善，产业配套条件差，所以西部地区第二产业对全要素能源效率的负向影响大于东部、小于中部地区。这说明产业结构本身对全要素能源效率并没有必然的影响，而产业发展状况和技术水平却会影响全要素能源效率。因此，从长期来看，产业结构调整对全要素能源效率的改进是有利的。

工业化水平与东部、中部、西部地区全要素能源效率之间均存在正向关系，但这一关系仅在中部地区显著。中部地区地区能源技术专利每增加 1%，能源效率提高 1.509%。结果表明工业化水平对提高东部和西部地区全要素能源效率的作用是有限的，而对提高中部地区全要素能源效率的作用比较明显。一般认为，随着工业产值的增加，在规模经济作用下能源的利用会更加有效。虽然东部地区的工业化水平明显高于中部、西部地区，但由于东部地区能源技术发展水平也远高于中部和西部地区，在提升全要素能源效率的影响因素中，技术进步的作用可能比工业化水平更加直接。中部地区近十年来工业化水平明显提高，从而对全要素能源效率的改进比较明显。而西部地区工业化水平低，工业化水平对全要素能源效率的贡献则比较小。但总体来看，我国地方政府的干预行为导致了重复建设和产业结构的趋同，并且，能源利用中的经营管理水平较差，使地区间相互牵制很难实现规模经济，这可能直接制约了工业化过程中我国清洁能源对能源效率的促进作用。

能源消费结构与全要素能源效率在东部、中部、西部地区都存在显著的负向关系，三个地区煤炭消费所占比重每下降 1%，能源效率分别提高 0.082%、0.145%、0.168%，说明降低煤炭消费在一次能源消费量中的比重有利于提高全要素能源效率，这与汪克亮等[115]的研究结论一致。一般来说，煤炭等化石能源的利用既不如电力、风能和天然气等清洁能源高效，又会带来较多污染，所以增加它的使用将会降低全要素能源效率。从表 4.13 可以发现，煤炭消费占一次能源消费量比重的变化对东部地区的负向影响相对较小，而对中部、西部地区的负向影响较大。这进一步印证了史丹[105]的观点，中国能源效率较低的地区主要集中在煤炭资源比较丰富和以煤炭消费为主的内陆地区，在能源效率较高的东部地区，一次能源中煤炭的消费比重较低，石油和水电消费比重较高。因此，能源消费结构对能源效率的影响是很明显的，提高水电、风能等可再生能源所占比重有助于提高能源效率。

不同地区能源禀赋与全要素能源效率之间的关系是不同的，东部地区能源禀赋与全要素能源效率之间存在正向关系，而中部、西部地区则存在负向关系，但均不显著，表明能源禀赋越充裕的地区全要素能源效率越低。从目前来看，我国原煤生产量较高的地区大多集中在全要素能源效率较低的中部、西部经济欠发达地区，如山西、河南、内蒙古、贵州、宁夏等省(自治区)，这些地区在向全国各地输送煤炭的同时，自身也消耗了大量的煤炭；而在全要素能源效率较高的东南沿海发达地区，原煤产量比较低，如福建、广东、浙江、江苏、上海、山东等，这些省(直辖市)每年需要从中部、西部地区调入大量的能源。虽然我国中部、西部偏远地区能源禀赋比较充裕，但市场分割等原因扭曲了资源配置，阻碍了工业规模经济的形成，使这些地区的工业化水平和能源技术水平相对较低，难以形成较大的工业经济规模，导致了中部、西部地区的能源利用效率低于东部经济发达地区。

能源价格对全要素能源效率的影响在不同地区存在差异，东部和西部地区能源价格与全要素能源效率之间均存在负向关系，而中部地区两者之间存在正向关系，并且都不显著。本书的发现与部分学者的研究结论基本一致，王兵等[191]认为东部地区能源价格与全要素能源效率之间存在显著负向关系，而在中部和西部地区存在正向关系；汪克亮等[115]认为能源价格对能源效率的影响为负；而成金华和李世祥[94]用 DEA-CCR 模型计算的能源效率显示，能源价格对全国及其他地区的能源效率影响为负，但对东北老工业基地及 13 个主要省市的影响为正。分地区的估计结果表明，虽然我国能源价格正在逐步合理化，但能源与其他生产要素的相对比较未能体现能源的相对稀缺性，导致近十几年能源价格难以发挥提升能源效率的作用。

4.5　本章小结

本章在分析了省际能源消费和能源强度差异的基础上，运用面板随机效应 Tobit 模型研究了我国能源技术创新对省际全要素能源效率的影响，研究结论如下。

第一，从能源技术专利对省际全要素能源效率的影响来看，首先，在全国层面，能源技术专利与省际全要素能源效率存在显著正向关系，能源技术专利每增加 1%，全要素能源效率提高 0.009%；其次，在地区层面，能源技术专利与省际全要素能源效率在东部、中部、西部地区均存在正向关系，但这一关系仅在东部地区显著，中部、西部地区不显著，东部地区能源技术专利每增加 1%，能源效率提高 0.078%，表明东部地区能源技术专利有效地促进了省际全要素能源效率的提高，而中部、西部地区能源技术专利对省际全要素能源效率的促进作用有限。

第二，从其他因素对省际全要素能源效率的影响来看，产业结构与省际全要素能源效率存在负向关系，这一关系在全国、中部和西部地区显著，在东部地区不显著，并且中部地区的负向影响最大，其次是西部地区，东部地区的负向影响最小。工业化水平与省际全要素能源效率在全国、东部、中部、西部地区存在正向关系，但这一关系仅在中部地区显著，说明工业化水平对提高东部和西部地区全要素能源效率的作用是有限的，而对提高中部地区全要素能源效率的作用比较明显。能源消费结构与全要素能源效率在全国、东部、中部、西部地区存在显著的负向关系，说明降低煤炭消费在一次能源消费量中的比重有利于提高全要素能源效率。能源禀赋与全要素能源效率在全国、中部和西部呈负向关系，东部地区能源禀赋与全要素能源效率之间存在正向关系，但均不显著。能源价格与全要素能源效率在全国、东部和西部地区均呈现负向关系，而中部地区两者之间存在正向关系，并且都不显著。

第 5 章　能源技术创新对工业全要素能源效率的影响

改革开放三十多年来，工业部门在我国经济增长中起着主导作用，但这种增长主要是以能源的大量消耗为代价的。统计资料显示，我国工业行业能源消费量从 1998 年的 9.441 亿吨标准煤增加到 2010 年的 21.92 亿吨标准煤。在我国能源消费构成中，工业能源消费占全国能源消费量的比重一直稳定在 70%左右。工业部门中高耗能行业的发展将依然是我国经济的基本支撑，降低工业尤其是高耗能工业的能耗水平是提高我国能源利用效率、降低能源消耗的关键。因此，在第 4 章研究的基础上，本章进一步探讨能源技术创新对省际工业、全国重工业和轻工业全要素能源效率的影响，试图发现我国能源技术创新是否有助于提高工业能源效率。

5.1　工业能源消费比较

5.1.1　工业能源消费结构国际比较

从工业能源消费占能源消费量的比重来看，2006 年世界平均水平为 29.428%，如表 5.1 所示。美国、欧盟低于世界平均水平，日本的工业能源消费所占比重基本与世界水平一致。整个 OECD 国家都低于这一水平，非 OECD 国家则高于世界平均水平。中国与世界不同地区相比，工业部门能源消费量所占比重较大，2006 年达到 53.783%。这些数据说明中国工业部门用能较大，这一方面与中国工业部门能源利用效率低有关；另一方面，中国工业在产业结构中所占比重较大也是一个重要原因。

表 5.1　2006 年世界分地区工业部门终端能源消费量及比重

国家或地区	总消费量/100 万吨标准油	工业消费量/100 万吨标准油	工业消费量占消费总量比重/%
美国	1 572	281	17.875
欧盟	1 106	261	23.599
日本	352	102	28.977
中国	978	526	53.783

续表

国家或地区	总消费量/100 万吨标准油	工业消费量/100 万吨标准油	工业消费量占消费总量比重/%
OECD 国家	3 824	866	22.646
非 OECD 国家	3 183	1 196	37.575
世界平均水平	7 007	2 062	29.428

资料来源：《日本能源与经济统计手册(2009)》

5.1.2 中国国内行业能源消费结构比较

工业部门是我国能源消费量最大的部门，其消费量占到了全国能源消费量的三分之二以上，如图 5.1 所示。1999～2003 年工业能源消费所占比重小幅下降，之后又开始上升。生活能源消费量所占比重排在第二位，1997～2010 年经历了几次小幅波动性变化。交通运输、仓储和邮政业能源消费量所占比重排在第三位，1997～2010 年处于上升趋势。批发、零售业和住宿、餐饮业能源消费量所占比重 1997～2008 年处于上升趋势，2008～2010 年小幅下降。其他行业能源消费所占比重趋于平稳趋势。建筑业能源消费所占比重最小，但 1997～2008 年处于上升趋势。从总体来看，我国能源消费主要集中在工业部门，并且工业部门能源消费量远远大于其他部门，排在第二位的生活消费用能维持在 10%～12%。因此，工业能源效率的提高对我国降低能源消耗、提高能源利用效率至关重要。

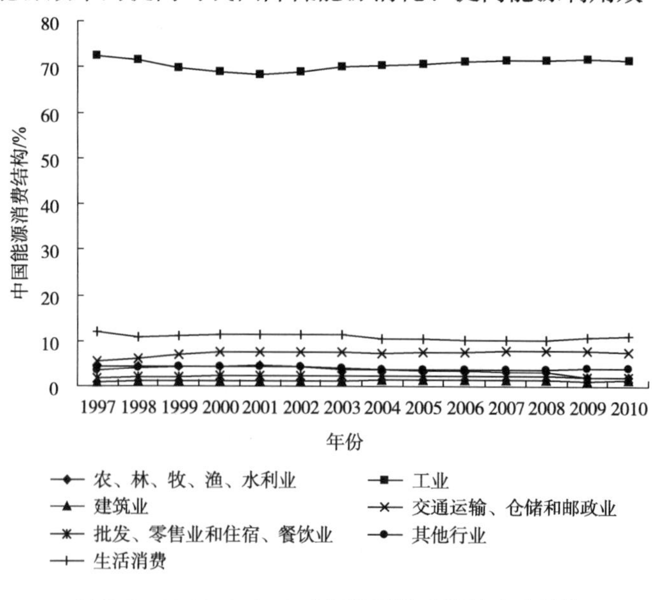

图 5.1 1997～2010 年中国能源消费结构变化趋势

资料来源：《中国统计年鉴》(1998～2011 年)

5.1.3　工业内部能源消费结构比较

根据国家统计局对重工业和轻工业的划分原则①，本章将重工业和轻工业划分如下。重工业包括：煤炭开采和洗选业，石油和天然气开采业，黑色金属矿采选业，有色金属矿采选业，非金属矿采选业，其他采矿业，石油加工、炼焦及核燃料加工业，化学原料及化学制品制造业，非金属矿物制品业，黑色金属冶炼及压延加工业，有色金属冶炼及压延加工业，金属制品业，通用设备制造业，专用设备制造业，交通运输设备制造业，电气机械及器材制造业，通信设备、计算机及其他电子设备制造业，电力、热力的生产和供应业，燃气生产和供应业，水的生产和供应业。轻工业包括：农副食品加工业，食品制造业，饮料制造业，烟草制品业，纺织业，纺织服装、鞋、帽制造业，皮革、毛皮、羽毛(绒)及其制品业，木材加工及木、竹、藤、棕、草制品业，家具制造业，造纸及纸制品业，印刷业和记录媒介的复制，文教体育用品制造业，医药制造业，化学纤维制造业，橡胶制品业，塑料制品业，仪器仪表及文化、办公用机械制造业，工艺品及其他制造业。

中国工业能源消费主要集中在重工业，如表 5.2 所示，重工业占工业能源消费量的比重达到了 80%以上，其能效的高低直接决定着工业部门的能源效率水平。1998～2010 年重工业和轻工业能源消费量均呈现上升趋势，2010 年中国的重工业能源消耗量为 19.236 亿吨标准煤，比 1998 年增加了 142.378%；2010 年轻工业能源消费量为 2.684 亿吨，比 1998 年增加了 78.373%。从 1998～2010 年重工业和轻工业能源消费所占比重的变化趋势来看，重工业能源消费所占比重处于上升趋势，轻工业能源消费所占比重处于下降趋势。上述结果表明，中国工业能源消费过度集中于重工业，这充分说明了中国当前处于重工业化阶段，降低工业能源消耗的关键一方面是降低重工业能源消耗、提高重工业领域的能源利用效率；另一方面则是加快产业结构的调整。

---

① 重工业是指为国民经济各部门提供物质技术基础的主要生产资料的工业。按其生产性质和产品用途，可以分为下列三类：①采掘(伐)工业，是指对自然资源的开采；②原材料工业，指向国民经济各部门提供基本材料、动力和燃料的工业；③加工工业，是指对工业原材料进行再加工制造的工业。轻工业是指主要提供生活消费品和制作手工工具的工业。按其所使用的原料不同，可分为两大类：①以农产品为原料的轻工业，是指直接或间接以农产品为基本原料的轻工业；②以非农产品为原料的轻工业，是指以工业品为原料的轻工业。根据上述划分原则，修理业中以重工业产品为修理作业对象的划为重工业，反之划为轻工业。由于废弃物资源和废旧材料回收加工业仅有 2003 年以后的数据，因此这里对其关于轻重工业的划分并未考虑。

表 5.2 1998～2010 年工业能源消费量及轻、重工业能源消费量占比

年份	工业能源消费量/万吨标准煤	重工业能源消费占比/%	轻工业能源消费占比/%
1998	94 409.150	84.064	15.936
1999	90 629.450	84.726	15.274
2000	89 633.650	84.720	15.28
2001	92 346.680	84.295	15.705
2002	102 181.180	84.656	15.344
2003	119 626.632	85.626	14.374
2004	143 244.016	86.557	13.443
2005	158 058.365	86.575	13.425
2006	175 136.642	86.832	13.168
2007	190 167.295	87.278	12.722
2008	190 167.295	87.278	12.722
2009	209 302.150	87.265	12.735
2010	219 197.160	87.757	12.243

资料来源：《中国统计年鉴》(1999～2011 年)

5.1.4 工业能源消耗地区差异

单位工业增加值能耗指一定时期内，一个国家或地区每生产一个单位的工业增加值所消耗的能源，等于工业能源消费量除以工业增加值①。从我国不同地区规模以上工业企业的单位工业增加值能耗来看，如表 5.3～表 5.5 所示，东部、中部、西部地区存在比较大的差异，东部地区单位工业增加值能耗明显低于中部地区，中部地区明显低于西部地区。说明我国东部地区工业企业能源利用效率高于中部、西部地区，这一方面与东部地区较高的经济发展水平有关；另一方面与东部地区拥有较高的技术水平和先进的基础设施有关，这些都有助于提高工业企业的能源利用效率，从而使工业企业在生产过程中降低能源消耗。

表 5.3 2005～2009 年东部地区单位工业增加值能耗

省(自治区、直辖市)	单位工业增加值能耗/(吨标准煤/万元)					2009 年比 2005 年下降百分比/%
	2005 年	2006 年	2007 年	2008 年	2009 年	
北京	1.500	1.330	1.188	1.037	0.909	39.400
天津	1.448	1.330	1.222	1.053	0.911	37.067

① 资料来源：《中国统计年鉴》(2011 年)。

续表

省(自治区、直辖市)	单位工业增加值能耗/(吨标准煤/万元)					2009 年比 2005 年下降百分比/%
	2005 年	2006 年	2007 年	2008 年	2009 年	
河北	4.412	4.190	3.870	3.315	2.999	32.023
辽宁	3.112	2.920	2.649	2.426	2.257	27.465
上海	1.184	1.200	1.006	0.958	0.957	19.166
江苏	1.674	1.570	1.408	1.265	1.107	33.885
浙江	1.488	1.430	1.302	1.182	1.123	24.545
福建	1.450	1.370	1.320	1.180	1.150	20.690
山东	2.150	2.020	1.890	1.698	1.543	28.233
广东	1.076	1.040	0.980	0.869	0.809	24.786
海南	3.647	3.150	2.714	2.609	2.613	28.344

注：工业增加值按 2005 年价格计算

资料来源：《中国统计年鉴》(2006～2010 年)

表 5.4　2005～2009 年中部地区单位工业增加值能耗

省(自治区、直辖市)	单位工业增加值能耗/(吨标准煤/万元)					2009 年比 2005 年下降百分比/%
	2005 年	2006 年	2007 年	2008 年	2009 年	
吉林	3.250	2.800	2.370	1.979	1.621	50.122
黑龙江	2.340	2.230	2.093	1.895	1.382	40.944
山西	6.575	5.890	5.420	4.885	4.550	30.797
安徽	3.135	2.860	2.632	2.338	2.100	33.006
江西	3.112	2.720	2.301	1.941	1.674	46.205
河南	4.020	3.780	3.453	3.079	2.708	32.629
湖北	3.501	3.330	3.020	2.679	2.350	32.872
湖南	2.876	2.740	2.510	1.983	1.570	45.409

资料来源：《中国统计年鉴》(2006～2010 年)

注：工业增加值按 2005 年价格计算

表 5.5　2005～2009 年西部地区单位工业增加值能耗

省(自治区、直辖市)	单位工业增加值能耗/(吨标准煤/万元)					2009 年比 2005 年下降百分比/%
	2005 年	2006 年	2007 年	2008 年	2009 年	
重庆	2.754	2.630	2.410	2.106	1.854	32.678
四川	3.521	2.820	2.620	2.477	2.249	36.129
贵州	5.377	5.210	4.890	4.323	4.320	19.658

续表

省(自治区、直辖市)	单位工业增加值能耗/(吨标准煤/万元)					2009年比2005年下降百分比/%
	2005年	2006年	2007年	2008年	2009年	
云南	3.551	3.400	3.156	2.847	2.739	22.856
陕西	2.621	2.460	2.270	2.009	1.367	47.854
甘肃	4.994	4.590	4.293	4.050	3.530	29.308
青海	3.438	3.640	3.470	3.243	2.936	14.610
宁夏	9.027	8.680	8.124	7.130	6.509	27.896
新疆	3.000	2.910	2.779	2.999	3.095	−3.167
广西	3.185	2.880	2.612	2.335	2.235	29.836
内蒙古	5.674	5.370	4.879	4.190	3.557	37.313

资料来源：《中国统计年鉴》(2006～2010年)

注：工业增加值按2005年价格计算

从不同省的工业能源消耗情况来看，2005～2009年，各省(自治区、直辖市)单位工业增加值能耗均处于下降趋势，说明从总体来看，我国工业行业能源利用效率提高了。如表5.3所示，2009年与2005年相比，东部地区单位工业增加值能耗下降较快的省(直辖市)包括北京、天津、江苏和河北，分别下降了39.400%、37.067%、33.885%和32.023%，除了上海下降最低为19.166%，其他省(自治区、直辖市)下降率都在20%～30%。如表5.4所示，中部地区各省单位工业增加值能耗下降均超过了30%，下降较快的省份包括吉林、江西、湖南和黑龙江，分别下降了50.122%、46.205%、45.409%和40.944%。如表5.5所示，西部地区各省(自治区、直辖市)单位工业增加值能耗下降差异较大，下降较快的省(自治区、直辖市)包括陕西、内蒙古、四川和重庆，分别下降了47.854%、37.313%、36.129%和32.678%，而新疆的单位工业增加值能耗不但没有下降，反而在2009年上升了。基于上述分析可以看出，我国不同省(自治区、直辖市)在工业能源消耗下降方面存在比较大的差异。

从地区之间工业增加值能耗的绝对值差异来看，规模以上工业增加值能耗较低的省份主要集中在东部地区，较高的省份主要集中在中部、西部地区，如表5.3～表5.5所示。2009年单位工业增加值能耗最高的省份是宁夏(6.509吨标准煤/万元)，其次是山西(4.550吨标准煤/万元)和贵州(4.320吨标准煤/万元)，单位工业增加值能耗超过3吨标准煤/万元的省(自治区)包括甘肃(3.530吨标准煤/万元)、新疆(3.095吨标准煤/万元)和内蒙古(3.557吨标准煤/万元)，最低的省份是广东(0.809吨标准煤/万元)，2009年单位工业增加值能耗最高的宁夏和能耗最低的广东相差约8倍。此外，2009年北京、天津、上海的单位工业增加值能耗均低于1吨标准煤/万元。

5.2　工业全要素能源效率的测算

5.2.1　工业全要素能源效率模型

本章基于 4.2.1 小节中 DEA 方法和全要素能源效率的详细介绍，采用全要素能源相对效率对省际工业全要素能源效率进行测算。将“最优能源投入/实际能源投入”作为衡量能源效率的指标，全国重工业和轻工业全要素能源效率可以直接据此计算。对省际工业全要素能源效率的计算表达式如下。

$$\mathrm{TFEE}_{i,t}=\frac{\mathrm{EnergyTarget}_{i,t}}{\mathrm{EnergyActual}_{i,t}}=1-\frac{\mathrm{EnergyLoss}_{i,t}}{\mathrm{EnergyActual}_{i,t}} \tag{5-1}$$

其中，$\mathrm{TFEE}_{i,t}$为第 i 省市 t 年工业全要素能源效率；$\mathrm{EnergyActual}_{i,t}$为第 i 省市 t 年实际工业能源投入数量；$\mathrm{EnergyLoss}_{i,t}$为第 i 省市 t 年工业能源损失量；$\mathrm{EnergyTarget}_{i,t}$为第 i 省市 t 年目标工业能源投入量，也就是在当前生产技术水平下，为实现一定产出所需要的最优(最少)的能源投入量。

5.2.2　工业全要素能源效率数据说明

1)省际工业全要素能源效率数据说明

测算省际工业全要素能源效率，选取 2005～2010 年我国 30 个省(自治区、直辖市)(西藏自治区、台湾、香港和澳门特别行政区不包括在分析范围之内)的数据，所选指标为各省区市规模以上工业企业能源投入与产出指标。规模以上工业企业的统计口径近十几年来有所变化，1998～2006 年全国规模以上工业企业统计范围为全部国有企业及年主营业务收入在 500 万元及以上非国有工业企业，2007～2010 年为年主营业务收入在 500 万元及以上的工业企业[①]。由于没有直接的规模以上工业企业能源数据，需要根据单位工业增加值能耗进行推算，工业增加值能耗指标反映了规模以上工业企业单位工业增加值所消耗的能源。我国从 2005 年开始才公布各省单位地区工业增加值能耗指标，2004 年及以前的数据不可得，2010 年没有公布地区工业增加值能耗数据。因此，2005～2009 年规模以上工业企业的能源投入依据单位工业增加值能耗指标进行推算，工业增加值指规模以上企业工业增加值；而 2010 年规模以上工业企业能源投入按照单位地区生产总值能耗进行推算，工业生产总值选取规模以上企业工业总产值。由于统计部门公开的数据有限，本节研究的时间范围为 2005～2010 年。此外，2005～2010

① 资料来源：《中国统计年鉴》。

年规模以上工业企业范围的调整导致测算的能源数据很难做到精确。测算省际全要素能源效率的指标定义如下。

(1)经济产出。选取各省区市规模以上工业企业的工业总产值，用各省区市工业品出厂价格指数(2005 年＝100)平减得到相应年份各省的实际值。数据来源于《中国统计年鉴》(2006～2011 年)和《中国经济统计年鉴》(2006～2011 年)，单位为万元。

(2)资本投入。以各省规模以上工业企业的固定资产净值年平均余额表示资本投入，并用各省区市固定资产投资价格指数(2005 年＝100)平减得到各省相应年份的实际值。数据来源于《中国统计年鉴》(2006～2011 年)和《中国经济统计年鉴》(2006～2011 年)，单位为万元。

(3)劳动力投入。用各省规模以上工业企业全部从业人员年平均人数作为劳动力投入指标。数据来源于《中国统计年鉴》(2006～2011 年)和《中国经济统计年鉴》(2010～2011 年)，单位为万人。

(4)能源投入。以各个省份经过折算后的总能耗指标表示所投入的能源，各省单位工业增加值能耗指标来源于《中国统计年鉴》(2006～2011 年)和《中国能源统计年鉴》(2006～2011 年)，单位为万吨标准煤。

2)轻、重工业全要素能源效率数据说明

测算我国重工业和轻工业全要素能源效率，所选指标为我国规模以上重工业和轻工业企业能源投入与产出指标。由于我国工业统计范围在 1997 年以前按隶属关系划分，1998 年及以后改变为按企业规模划分，为了统计口径一致，对轻、重工业全要素能源效率研究的时间范围为 1998～2010 年。1998～2006 年全国规模以上工业企业统计范围为全部国有企业及年主营业务收入在 500 万元及以上非国有工业企业，2007～2010 年为年主营业务收入在 500 万元及以上的工业企业，2011 年为年主营业务收入在 2 000 万元及以上的工业企业，这种调整使 1998～2010 年我国规模以上工业企业的经济产出、资本投入等指标的范围有所不同。此外，由于统计年鉴中按行业划分的能源消费数据没有区分规模以上工业企业，这里基于 5.1.3 小节轻、重工业的划分对行业能源消费量进行汇总得到轻、重工业的能源消费量。测算全国轻、重工业全要素能源效率的指标定义如下。

(1)经济产出。基于全部国有及规模以上非国有工业企业数据选取轻工业和重工业的工业总产值，用各年全国工业品出厂价格指数平减得到相应年份的实际值(2005 年＝100)。数据来源于《中国统计年鉴》(1999～2011 年)和《中国经济统计年鉴》(1999～2011 年)，单位为万元。

(2)资本投入。基于全部国有及规模以上非国有工业企业数据以轻工业和重工业的固定资产净值年平均余额表示资本投入，并用各年全国固定资产投资价格指数(2005 年＝100)平减得到相应年份的实际值。数据来源于《中国统计年鉴》

(1996～2011 年)和《中国经济统计年鉴》(1996～2011 年)，单位为万元。

(3)劳动力投入。基于全部国有及规模以上非国有工业企业数据，选取轻工业和重工业的全部从业人员年平均人数作为劳动力投入指标，1998 年轻工业和重工业的全部从业人员年平均人数根据全员劳动生产率推算得到。数据来源于《中国统计年鉴》(1996～2011 年)和《中国经济统计年鉴》(1996～2011 年)，单位为万人。

(4)能源投入。根据分行业能源消费量，按照 5.1.3 小节对轻、重工业的划分对轻工业和重工业能源消费量进行汇总。工业行业能源消费数据来源于《中国能源统计年鉴》(1996～2011 年)，单位为万吨标准煤。

5.2.3　工业全要素能源效率的变化情况

1)省际工业全要素能源效率的变化情况

从工业全要素能源效率的变化趋势来看，三大地区工业全要素能源效率随时间推移均呈现先上升后下降的趋势，如表 5.6～表 5.8 所示。总体来看，我国工业能源利用效率水平较低，但东部地区工业能源效率明显高于中部地区和西部地区，中部地区高于西部地区。东部地区作为我国经济发展水平最高和技术进步较快的地区，能源资源相对缺乏，在各种因素(如明晰的产权结构、能源价格、激烈的国内外市场竞争等)的影响下，促使企业通过加大 R&D 投入和技术引进与创新等方式降低能源消耗、提高能源效率。相比较而言，中西部地区能源资源相对富集，但能源技术发展水平低，基础设施薄弱，上述因素对中西部地区的影响作用反而较弱。

表 5.6　2005～2010 年东部地区各省(自治区、直辖市)工业全要素能源效率

省(自治区、直辖市)	2005 年	2006 年	2007 年	2008 年	2009 年	2010 年	平均值
北京	1.000	1.000	1.000	1.000	1.000	1.000	1.000
天津	0.802	1.000	1.000	1.000	1.000	1.000	0.976
河北	0.468	0.496	0.497	0.529	0.497	0.454	0.490
辽宁	0.487	0.579	0.557	0.571	0.557	0.518	0.546
上海	1.000	1.000	1.000	1.000	1.000	1.000	1.000
江苏	1.000	1.000	1.000	1.000	1.000	1.000	1.000
浙江	0.930	0.927	0.929	0.939	0.914	0.949	0.932
福建	0.845	0.850	0.853	0.867	0.866	1.000	0.892
山东	0.702	0.712	0.725	0.786	0.725	0.706	0.727
广东	1.000	1.000	1.000	1.000	1.000	1.000	1.000
海南	0.873	0.840	0.796	0.942	0.929	0.720	0.844
东部平均	0.808	0.8291	0.830	0.8475	0.821	0.820	0.827

表 5.7　2005～2010 年中部地区各省(自治区、直辖市)工业全要素能源效率

省(自治区、直辖市)	2005 年	2006 年	2007 年	2008 年	2009 年	2010 年	平均值
吉林	0.541	0.626	0.662	0.656	0.672	0.663	0.646
黑龙江	0.614	0.588	0.560	0.571	0.532	0.527	0.563
山西	0.311	0.339	0.352	0.368	0.345	0.319	0.340
安徽	0.690	0.706	0.718	0.718	0.717	0.7450	0.721
江西	0.753	0.750	0.773	0.743	0.805	0.827	0.784
河南	0.633	0.653	0.658	0.709	0.671	0.652	0.665
湖北	0.553	0.555	0.566	0.618	0.600	0.604	0.589
湖南	0.638	0.645	0.634	0.683	0.630	0.625	0.641
中部平均	0.553	0.572	0.585	0.620	0.610	0.606	0.596

表 5.8　2005～2010 年西部地区各省(自治区、直辖市)工业全要素能源效率

省(自治区、直辖市)	2005 年	2006 年	2007 年	2008 年	2009 年	2010 年	平均值
重庆	0.632	0.636	0.630	0.658	0.635	0.647	0.641
四川	0.585	0.603	0.617	0.620	0.580	0.567	0.592
贵州	0.277	0.326	0.331	0.325	0.352	0.349	0.329
云南	0.509	0.623	0.585	0.593	0.559	0.454	0.551
陕西	0.547	0.538	0.616	0.576	0.615	0.599	0.587
甘肃	0.398	0.473	0.480	0.470	0.449	0.329	0.431
青海	0.287	0.343	0.233	0.323	0.311	0.228	0.284
宁夏	0.217	0.261	0.230	0.257	0.242	0.176	0.228
新疆	0.417	0.511	0.353	0.482	0.432	0.306	0.412
广西	0.653	0.656	0.647	0.640	0.626	0.612	0.634
内蒙古	0.356	0.443	0.310	0.439	0.416	0.304	0.375
西部平均	0.458	0.507	0.478	0.514	0.500	0.449	0.484

从东部地区各省(直辖市)工业全要素能源效率来看，如表 5.6 所示，2005～2010 年北京、江苏、上海、广东规模以上工业全要素能源效率一直为 1.000，处于效率前沿面上，表现出了能源利用的高效与节约；天津从 2006 年开始也达到了效率前沿面；浙江、福建、山东 2005～2010 年工业能源效率的平均值都在 0.7 以上；2005～2010 年工业全要素能源效率平均值较低的省份是河北和辽宁，河北为 0.490，辽宁为 0.546。从中部地区来看，如表 5.7 所示，2005～2010 年安徽和江西两省工业全要素能源效率的平均值较高，安徽为 0.721，江西为 0.784；山西最低(0.340)，其他省份均在 0.6 左右。从西部地区来看，如表 5.8 所示，2005～2010 年除了重庆、广西、四川、云南、陕西工业全要素能源效率平均值在

0.6 左右，其他省份均在 0.5 以下。因此，工业全要素能源效率较低的省份主要集中在中西部地区，这些省份的工业内部能源利用效率需要调整和改进的空间较大。

2)轻、重工业全要素能源效率变化情况

从我国轻工业和重工业全要素能源效率的变化情况来看，1998～2010 年处于持续上升趋势，说明这十几年间我国轻工业和重工业的能源效率整体上都得到了改善。如表 5.9 所示，轻工业能源效率始终高于重工业能源效率，但随着时间的推移，重工业与轻工业能源效率的差距逐渐缩小，2006 年后能效差距小于 0.1。2006 年之前，重工业能源效率低于 0.5，主要由于 1998～2006 年重工业进入快速发展阶段，新一轮经济增长的主导行业是重工业中的汽车和相关基础设施等，这些行业在拉动钢铁、机械、有色金属等原材料行业产值增长的同时，也拉动了煤炭、石油、电力等能源消费量的增长。但是，在工业生产领域，由于企业设备更新和技术创新等一系列调整存在滞后性，这使此时工业经济的快速增长主要依靠对资源和能源无效率的利用。1998～2010 年我国的重工业能源效率偏低，平均值为 0.527，低于轻工业的能源效率平均值(0.633)，意味着重工业在能源生产和利用过程中存在约 50%的能源浪费。因此，重工业成为我国节能政策关注的重点行业。

表 5.9　1998～2010 年全国轻、重工业全要素能源效率

年份	轻工业	重工业	年份	轻工业	重工业
1998	0.351	0.081	2005	0.560	0.427
1999	0.378	0.102	2006	0.607	0.520
2000	0.419	0.179	2007	0.708	0.621
2001	0.443	0.229	2008	0.805	0.733
2002	0.481	0.267	2009	0.857	0.837
2003	0.497	0.315	2010	1.000	1.000
2004	0.533	0.363	平均值	0.633	0.527

5.3　能源技术创新对工业能源效率影响的实证分析

5.3.1　能源技术创新对省际工业能源效率的影响

1)模型设定

研究能源技术创新等因素对省际工业全要素能源效率的影响，以 DEA 方法求解出来的效率值为被解释变量，以影响能源效率的各因素为解释变量构建回归模型。由于运用投入导向 CRS 的 DEA 模型测算的全要素能源相对效率位于 0 到 1 之间，用传统的普通最小二乘(ordinary least square，OLS)回归模型估计，会带来参数的有偏和不一致，而处理限值因变量的 Tobit 模型能弥补这一不足。对于面板数据而言，通常情况下固定效应 Tobit 模型不能得到一致的估计值，故采用随机效应 Tobit 模型来检验能源技术创新对省际工业能源效率的影响，面板随机效应 Tobit 模型详细介绍参见 4.4.1 小节。

基于 3.1 节能源技术创新对能源效率影响的理论分析框架，由图 3.1 可知，影响全要素能源效率的因素有很多，并且影响因素之间存在错综复杂的关系。近十多年来我国经济高速发展、工业化迅速推进，而工业化过程中需要消耗大量的能源。考察能源技术创新对省际工业全要素能源效率的影响，必须结合工业能源利用的地区差异及其影响因素进行研究。这里主要从能源效率的直接影响因素入手选取变量，包括技术进步、能源消费结构、生产规模和工业化水平；由于产业结构是由工业化所引起的结果，故不再考虑此因素；由于产权制度直接反映了工业经济转型中的产权制度变革，会影响到工业企业有效配置资源的能力，因此在设计变量时将其纳入模型中；此外，能源相对价格同时考虑了工业品价格和能源价格，它通过产业结构、能源消费结构、技术进步和生产规模对能源效率起到调节作用，故将此变量纳入模型中；由于只研究国内能源技术创新，故不再考虑对外开放的作用。技术进步用能源技术专利来表示。基于上述变量选取原则，设计变量指标如表 5.10 所示。

表 5.10　省际工业全要素能源效率影响因素变量说明

变量	定义及符号	数据来源及说明	参考文献
工业能源效率	各省市工业全要素能源效率(TFEE)	基于全要素相对效率模型测算，介于 0 到 1 之间	屈小娥[83]、李旭超等[192]
能源技术专利	各省市能源技术专利申请量(PATENT)	国家知识产权局，单位：件	屈小娥[83]
生产规模	各省市规模以上工业总产值与企业单位数之比(SCALE)	《中国经济统计年鉴》(2005～2011 年)，以 2005 年不变价格折算，单位：亿元/个	唐玲和杨正林[107]、王海宁和陈媛媛[114]
能源消费结构	各省市工业煤炭消费占本省市能源消费量总量的比重(ES)	《中国能源统计年鉴》(2005～2011 年)	唐玲和杨正林[107]、张伟和吴文元[193]
工业化水平	各省市人均工业总产值(GL)	《中国经济统计年鉴》(2005～2011 年)，以 2005 年不变价格折算，单位：万元/人	张伟和吴文元[193]

续表

变量	定义及符号	数据来源及说明	参考文献
产权结构	各省市规模以上国有及国有控股企业工业总产值占本省市工业总产值的比重(CQ)	《中国经济统计年鉴》，以 2005 年不变价格折算	李春发等[96]、唐玲和杨正林[107]
能源相对价格	各省市工业品出厂价格指数与各省市原材料、燃料和动力购进价格指数的比值(EP)	《中国统计年鉴》和《中国能源统计年鉴》，以 2005 年不变价格折算	陈媛媛和李坤望[194]、王海宁和陈媛媛[114]

在上述变量中，一般认为，工业企业规模越大越容易发挥规模效益的作用，越有利于资源的高效利用。产权制度以国有及国有控股企业工业总产值所占比重表示，反映了政府的影响力，一般认为政府干预程度越高，市场化水平就越低，会影响能源效率的提高。能源相对价格用工业品出厂价格指数与原材料、燃料和动力购进价格指数的比值表示，一般认为，合理的能源价格体系是提高能源效率的经济杠杆。

基于以上分析，本书运用面板随机效应 Tobit 模型构建如下计量模型：

$$\mathrm{TFEE}_{it}=C+\beta_1\mathrm{PATENT}_{it}+\beta_2\mathrm{SCALE}_{it}+\beta_3\mathrm{CQ}_{it}+\beta_4\mathrm{GL}_{it}+\beta_5\mathrm{ES}_{it}+\beta_6\mathrm{EP}_{it}+\gamma_i+u_{it} \tag{5-2}$$

其中，i 为各个省市；t 为时间；γ_i 为随机变量，随个体变化而变化但不随着时间变化，与解释变量不相关；u_{it} 为随机变量，随着时间和个体变化而变化。研究样本时间范围为 2005～2010 年，截面为 30 个省(自治区、直辖市)的面板数据。

2)实证分析

由于上述变量使用的是面板数据，首先针对各变量进行平稳性检验，主要依据 LLC 方法进行面板数据平稳性检验，检验结果如表 5.11 所示。我们可以发现经过 LLC 单位根检验，工业全要素能源效率、能源技术专利的对数值、企业规模、产权制度、工业化水平、能源消费结构及能源相对价格都是平稳的，因此我们可以直接使用。

表 5.11　面板单位根检验结果

变量	检验类型(c，t，q)	统计量	P 值	结论
TFEE	(c，0，0)	−9.794	0.000	平稳
LNPATENT	(c，0，0)	−23.969	0.0000	平稳
SCALE	(c，0，0)	−7.780	0.000	平稳
CQ	(c，0，0)	−10.649	0.000	平稳

续表

变量	检验类型(c，t，q)	统计量	P 值	结论
GL	(c，0，0)	−35.768	0.000	平稳
ES	(c，0，0)	−9.767	0.000	平稳
EP	(c，0，0)	−14.939	0.000	平稳

注：检验类型(c，t，q)中 c 代表截距项，t 代表时间趋势项，q 为基于 SIC 准则计算的滞后阶数

按照经济意义将上述变量划分为四类，技术因素包括能源技术专利，能源因素包括能源消费结构，与工业企业相关的行业和产业因素包括企业规模、产权制度和工业化水平，市场因素包括能源相对价格。具体分析中，建立三个模型来考察各因素对省际工业全要素能源效率的影响：模型 1 中只包括技术、能源和市场因素，模型 2 只包括技术及与工业企业相关的行业和产业因素，模型 3 中则包括了技术、能源、市场及与工业企业相关的行业和产业因素。表 5.12 给出了模型检验结果，可以看出各个模型中个体效应标准差和随机干扰项标准差都很小。rho 值代表了个体效应的方差占总方差的比例，三个模型的值都在 0.95 以上，说明个体效应的变化主要解释了省际工业全要素能源效率的变化。从三个模型的似然比(卡方)可以看出，不存在个体效应的零假设被拒绝的情况。另外，从对数极大似然值可以看出三个模型的拟合优度也都较好。

表 5.12　省际工业全要素能源效率影响因素分析结果

变量	模型 1		模型 2		模型 3	
	系数	P 值	系数	P 值	系数	P 值
能源技术专利	0.027	0.001	0.032	0.010	0.031	0.013
能源消费结构	−0.087	0.031			−0.075	0.020
能源相对价格	−0.021	0.232			−0.020	0.253
企业规模			0.052	0.003	0.049	0.005
工业化水平			0.005	0.187	0.005	0.185
产权制度			−0.406	0.186	−0.028	0.111
常数项			0.550	0.024	0.506	0.011
个体效应标准差	0.203	0.000	0.189	0.000	0.187	0.000
随机干扰项标准差	0.040	0.000	0.040	0.000	0.039	0.000
似然比(卡方)	14.180	0.003	20.670	0.000	21.740	0.001
rho	0.962		0.957		0.957	
对数极大似然值	248.013		249.067		251.604	

从模型中我们可以发现下面一些结论。由表 5.12 可以看出，在模型 1 中只包含能源技术专利、能源消费结构和能源相对价格三个变量的情况下，在模型 2 中只包含能源技术专利、企业规模、工业化水平和产权制度四个变量的情况下，以及在模型 3 中包含所有变量的情况下，能源技术专利与省际工业全要素能源效率的关系均表现为显著正相关，说明我国能源技术专利对省际工业全要素能源效率的提高起到了促进作用，这与屈小娥[83]的研究结论是一致的。但从结果中我们也可以看出，国内能源技术专利对提高工业能源效率的作用是有限的，在考虑所有影响因素时，国内能源技术专利申请量每增加 1%，省际工业全要素能源效率提高 0.031%。主要原因可能在于以下三个方面：第一，与发达国家相比，我国工业领域在低碳能源技术 R&D 方面的投入是非常低的；第二，我国工业部门能源技术专利成果转化率低，并且转化周期长，使现有能源技术在工业部门发挥作用存在一定时滞；第三，私人公司(如电厂、汽车生产厂家)采用新能源技术时会产生正的外部性，加之高成本、高风险，如果没有政府一系列相关的配套扶持政策，许多企业是不愿意主动采用现有的新能源技术专利的。而工业部门能源消耗占我国能源消费量的 70%以上，因此，制定相关政策加强国内能源技术专利的转化对于工业部门能源利用效率的提高是非常重要的。

企业规模与省际工业全要素能源效率在模型 2 和模型 3 中均呈现显著正向关系，表明企业规模扩大可以对提升能源效率起到积极的作用，这与屈小娥[83]等的研究结论基本一致。其原因可能在于，同其他要素一样，能源的使用存在着规模效应，随着企业规模扩大，能源消费量也会相应增加，这样会促使企业更加关注设备潜能的发挥以及有效利用能源，能源使用效率也会得到进一步的改善。因此，企业保持适度规模经营将有利于能源资源的节约与效率提升。

工业化水平用人均工业总产值来表示，用来反映地区的工业经济发展水平。当工业部门经济发展程度较高时，会转而使用其他高效、清洁能源，进而使工业总能源消耗下降。如模型 2 和模型 3 所示，工业化水平与省际工业全要素能源效率之间均存在正向关系，但不显著，表明目前我国的工业化水平提高工业能源效率的作用是非常有限的。

以规模以上国有及国有控股企业工业总产值所占比重衡量的产权制度，在模型 2 和模型 3 中回归系数均为负，但不显著。表明国有经济规模扩大，在一定程度上将会使省际工业全要素能源效率出现下降。其原因可能在于，国有企业缺乏激励约束机制，使经理层在国家的庇护下，缺乏有效利用能源资源、节约成本进行创新的动力。

用工业煤炭消费占煤炭能源消费量的比重来表示的能源消费结构，从表 5.12可以看出，工业煤炭消费结构的改变与能源效率存在显著的负向关系，主要原因可能在于我国的工业特别是重工业主要是以消费煤炭和石油等化石类能源为主。

能源相对价格的提升导致能源要素的使用量减少，进而产生其他要素对能源的替代，使能源效率提高[194]。但从表 5.12 可以看出，在模型 1 和模型 3 中能源相对价格与省际工业全要素能源效率之间存在负向关系，但不显著，说明我国的能源价格机制并未显著起到提高工业能源效率的作用。

5.3.2 能源技术创新对重工业能源效率的影响

在分析了能源技术创新对省际工业全要素能源效率的影响之后，有必要进一步研究能源技术创新对重工业和轻工业的影响。从 5.1 节和 5.2 节的分析可知，重工业能源消费量远远高于轻工业的能源消费量，而重工业的全要素能源效率却低于轻工业。本章基于轻、重工业的划分，从全国角度探讨能源技术创新对重工业全要素能源效率的影响。

1)模型设定

运用投入导向 CRS 的 DEA 模型测算的全要素能源效率位于 0 到 1 之间，用传统的 OLS 回归模型估计，会带来参数的有偏和不一致。因此，本章采用处理限值因变量的 Tobit 模型，研究能源技术创新等因素对全国重工业全要素能源效率的影响。

Tobit 模型可以表示如下：

$$y_i^* = X_i'\beta + \varepsilon_i, \quad i=1, 2, \cdots, N \tag{5-3}$$

如果 $X_i'\beta+\varepsilon_i>0$，则 $y_i^*=X_i'\beta+\varepsilon_i$；如果 $X_i'\beta+\varepsilon_i\leqslant 0$，则 $y_i^*=0$。其中，N 为样本数；y^* 为因变量；x^* 为自变量；β 为相关系数；ε_i 为自变量的误差项，$\varepsilon_i \sim \mathrm{N}(0, \delta^2)$，因此 $y^* \sim \mathrm{N}(X_i\beta, \delta^2)$。

考察能源技术创新对我国重工业全要素能源效率的影响，一方面基于 3.1 节能源效率影响因素的理论分析框架，另一方面必须结合我国重工业和轻工业能源利用的差异进行研究。这里主要从能源效率的直接影响因素入手选取变量，包括技术进步、能源消费结构、生产规模和工业内部结构；由于产业结构是由工业化所引起的结果，故不再考虑此因素；此外，能源相对价格同时考虑了工业品价格和能源价格，它通过产业结构、能源消费结构、技术进步和企业规模对能源效率起到调节效果，故将此变量纳入模型中。基于上述变量选取原则，设计变量指标如表 5.13 所示。在上述变量中，一般认为，重工业总产值所占比重越大越不利于提高重工业能源效率。

表 5.13　全国重工业全要素能源效率影响因素变量说明

变量	定义及符号	数据来源及说明	参考文献
工业能源效率	重工业全要素能源效率(TFEE)	基于全要素相对效率模型测算，介于 0 到 1 之间	屈小娥[83]、李旭超等[192]
能源技术专利	全国能源技术专利申请量(PATENT)	国家知识产权局，单位：件	王姗姗和屈小娥[95]
生产规模	规模以上工业总产值与企业单位数之比(SCALE)	《中国经济统计年鉴》(1999～2011 年)，以 2005 年不变价格折算，单位：亿元/个	王姗姗和屈小娥[95]、王海宁和陈媛媛[114]
能源消费结构	重工业煤炭消费占能源消费量总量的比重(ES)	《中国能源统计年鉴》(1999～2011 年)	李春发等[96]、张伟和吴文元[193]
工业内部结构	规模以上重工业总产值占工业总产值的比重(ZS)	《中国经济统计年鉴》(1999～2011 年)，以 2005 年不变价格折算	张伟和吴文元[193]
能源相对价格	全国工业品出厂价格指数与全国原材料、燃料和动力购进价格指数的比值(EP)	《中国统计年鉴》(1999～2011 年)和《中国能源统计年鉴》(1999～2011 年)，以 2005 年不变价格折算	王海宁和陈媛媛[114]

基于上述分析构建 Tobit 计量模型如下：

$$\mathrm{TFEE}_t = C + \beta_1 \mathrm{PATENT}_t + \beta_2 \mathrm{SCALE}_t + \beta_3 \mathrm{ZS}_t + \beta_4 \mathrm{ES}_t + \beta_5 \mathrm{EP}_t + \varepsilon_t \quad (5\text{-}4)$$

其中，t 为时间；ε_i 为自变量的误差项。本节研究时间范围为 1998～2010 年。

2)结果分析

按照经济意义将上述变量划分为四类，技术因素包括能源技术专利，能源因素包括能源消费结构，行业因素包括企业规模、工业内部结构，市场因素包括能源相对价格。具体分析中，建立四个模型来考察各因素对我国重工业全要素能源效率的影响：模型 1 中只包括技术因素，模型 2 中只包括技术和行业因素，模型 3只包括技术、能源和市场因素，模型 4 中则包括了技术、能源、市场及行业因素。表 5.14 中，分析了我国能源技术专利等影响因素对重工业全要素能源效率的影响，并进行了稳健性检验。从分析结果可以看出，模型 1 中解释变量只有能源技术专利这个变量，回归结果表明能源技术专利与重工业全要素能源效率显著正相关，表明我国能源技术专利提高了重工业全要素能源效率。在模型 2 加入企业规模和工业内部结构两个变量，在模型 3 中加入能源消费结构和能源相对价格两个变量，以及在模型 4 中包含所有变量后，发现能源技术专利对重工业全要素能源效率的影响均是正向显著的。因此，在 1998～2010 年，我国能源技术专利提高了重工业全要素能源效率。但同时我们也应该注意到，能源技术专利提高重工业能源效率的作用是有限的，在考虑所有影响因素时，能源技术专利每增加1％，重工业全要素能源效率仅提高0.005 36％，可能的原因在于，重工业能源消耗占我国工业能源消耗的80％以上，若私人企业采用新兴的低碳能源技术会产生正的外部性，加之采用新技术具有高成本、高风险的特点，使企业不愿意主动采用新兴技术，导致现有能源技术专利成果无法在重工业企业充分发挥作用。

表5.14 重工业全要素能源效率影响因素分析及稳健性检验

变量	模型1	模型2	模型3	模型4
常数项	0.014	0.183	2.647	1.675
	(0.268)	(0.150)	(0.013)	(0.021)
能源技术专利	7.78×10^{-5}	4.57×10^{-5}	6.97×10^{-6}	5.36×10^{-5}
	(0.000)	(0.000)	(0.000)	(0.000)
能源消费结构			−2.341	−0.879
			(0.003)	(0.074)
能源相对价格			−2.267	−1.279
			(0.000)	(0.000)
企业规模		0.432		0.329
		(0.000)		(0.000)
工业内部结构		−0.568		−0.736
		(0.151)		(0.003)
对数极大似然值	17.701	30.303	27.057	35.547
Wald检验	248.089	600.556	362.779	810.633
	(0.000)	(0.000)	(0.000)	(0.000)

注：括号内数值代表 P 值

从模型4来看，企业规模对重工业全要素能源效率有显著正向影响，我国近十几年钢铁、水泥、船舶、电解铝、稀土等重工业企业通过兼并重组方式扩大了企业规模，整合了要素资源，提高了产能利用率，这样可以更加有效地利用能源。但是，重工业总产值占工业总产值比重的增大并没有提高重工业能源效率，2010年我国六大高耗能行业增加值比上年增长12.3％，其中，非金属矿物制品业增长18.4％，化学原料及化学制品制造业增长14.7％，有色金属冶炼及压延加工业增长13.6％，黑色金属冶炼及压延加工业增长9.7％，电力、热力的生产和供应业增长10.1％，石油加工、炼焦及核燃料加工业增长7.6％①，这说明我国重工业的发展仍然是以消耗煤炭和石油等化石类能源为主，高耗能工业结构依然没变。

① 资料来源：http://www.stats.gov.cn/。

从表 5.14 可以看出，重工业能源消费结构与重工业全要素能源效率之间存在显著的负向关系，说明以煤炭为主的能源消费结构是导致我国重工业能源效率低下的一个重要因素。模型 3 和模型 4 表明能源相对价格与重工业全要素能源效率之间存在显著的负向关系，说明能源价格的上升未能提高重工业能源效率。价格偏低是我国能源消耗，尤其是重化工业能源过度消耗的重要原因，多年来我国政府一直对煤炭等能源实行价格管制，使能源价格低于合理均衡水平，不能反映资源的稀缺程度，结果导致了能源的过度消耗。

5.3.3　能源技术创新对轻工业能源效率的影响

在研究了能源技术创新对我国重工业全要素能源效率影响的基础上，进一步探讨能源技术创新对我国轻工业全要素能源效率的影响，进而更加准确地比较能源技术创新对我国轻、重工业能源效率影响的差异。

1)模型设定

轻工业全要素能源效率影响因素变量选取原则及研究方法与重工业相同，具体介绍详见 5.3.2 小节。构建 Tobit 计量模型如下：

$$\mathrm{TFEE}_t = C + \beta_1 \mathrm{PATENT}_t + \beta_2 \mathrm{SCALE}_t + \beta_3 \mathrm{ZS}_t + \beta_4 \mathrm{ES}_t + \beta_5 \mathrm{EP}_t + \varepsilon_t \quad (5\text{-}5)$$

其中，t 为时间；ε_i 为自变量的误差项；TFEE_t 为 t 年轻工业全要素能源效率；PATENT_t 为 t 年能源技术专利申请量；SCALE_t 为 t 年企业规模，以规模以上轻工业总产值与企业单位数之比表示；ZS_t 为 t 年工业内部结构，以轻工业总产值在工业总产值中的比重来表示；ES_t 为 t 年轻工业煤炭消费量占能源消费量的比重，EP_t 为 t 年能源相对价格；C 为常数项。本节研究时间范围为 1998～2010 年。

2)实证分析

1998～2010 年我国轻工业全要素能源效率与影响因素的 Tobit 回归分析结果如表 5.15 所示。从分析结果可以看出，模型 1 中解释变量只有能源技术专利，回归结果表明能源技术专利与轻工业全要素能源效率存在显著正向关系，即在不考虑其他影响因素时，能源技术专利提高了轻工业全要素能源效率。在模型 2 中加入能源消费结构和能源相对价格，在模型 3 中加入生产规模和工业内部结构，在模型 4 中包含所有变量，发现能源技术专利对轻工业全要素能源效率均存在显著正向影响。上述结果表明，在 1998～2010 年，我国能源技术专利促进了轻工业全要素能源效率的提高，这与高大伟[7]的研究结论相一致。然而，能源技术专利在提高能源效率方面的作用是有限的，在考虑所有因素时，能源技术专利每增加 1%，轻工业全要素能源效率仅仅提高 0.003 84%。能源技术专利对提高重工业能源效率的作用略大于轻工业，原因可能在于近十几年来我国政府高度关注重工业的发展，一是以汽车、钢铁、水泥、机械制造、电解铝、稀土等行业为重点，推动优势企业通过强强联合实现跨地区兼并重组，提高产业集中度，进而提高能源利用效率；二是支持企业提高装备水平、优化生产流程，加快淘汰落后工艺技术和设备，发展先进装备制造业，提高能源资源综合利用水平，说明在提升重工业能源利用效率方面取得了一定的成效。

表 5.15 轻工业全要素能源效率影响因素分析及稳健性检验

变量	轻工业模型 1	轻工业模型 2	轻工业模型 3	轻工业模型 4
常数项	0.296	1.588	−0.021	1.150
	(0.011)	(0.030)	(0.294)	(0.001)
能源技术专利	5.37×10^{-5}	4.53×10^{-5}	3.16×10^{-5}	3.84×10^{-5}
	(0.000)	(0.000)	(0.000)	(0.000)
能源消费结构		−0.422		−0.168
		(0.092)		(0.093)
能源相对价格		−1.125		−1.231
		(0.010)		(0.000)
生产规模			0.585	0.339
			(0.000)	(0.023)
工业内部结构			0.211	0.656
			(0.148)	(0.006)
对数极大似然值	22.815	28.727	29.469	34.146
Wald 检验	259.704	221.418	248.689	309.192
	(0.000)	(0.000)	(0.000)	(0.000)

注：括号中数值为 P 值

生产规模与轻工业全要素能源效率之间存在显著正向关系，主要是由于随着企业规模的不断扩大，能源消费量也将不断增加，这样可以更加充分发挥设备潜能以及有效利用能源。因此，生产规模是影响能源利用效率的一个重要因素。模型 4 表明轻工业内部结构与能源效率之间存在显著的正向关系，说明轻工业总产值占工业总产值比重的增加有利于提高轻工业的能源效率。能源消费结构与轻工业全要素能源效率之间存在显著的负向关系，表明轻工业煤炭消费量占能源消费量的比重越大，越不利于提高能源效率。能源相对价格与轻工业全要素能源效率之间存在显著的负向关系，表明能源价格没有起到提高轻工业能源效率的作用。

5.4 本章小结

本章在对工业能源消费现状和工业全要素能源效率变化情况分析的基础上，

运用 Tobit 模型研究了在多种因素作用下能源技术专利对省际工业全要素能源效率的影响和能源技术专利对全国重工业及轻工业全要素能源效率的影响，得出以下结论。

首先，从能源技术创新等因素对省际工业全要素能源效率的影响来看，能源技术专利对省际工业能源效率的提高起到了促进作用，能源技术专利申请量每增加 1%，省际工业全要素能源效率提高 0.031%；企业规模扩大对提升工业能源效率起到了积极的作用；我国的工业化水平提高工业能源效率的作用是非常有限的；以国有及国有控股企业工业总产值所占比重衡量的产权制度表明国有经济规模扩大，在一定程度上将会降低能源效率；能源消费结构表明工业煤炭消费所占比重越大越不利于提高工业能源效率，原因可能在于我国的工业特别是重工业所占比重较大，且其主要以消费煤炭和石油等化石类能源为主；能源相对价格的提升未能起到提高工业能源效率的作用。

其次，从能源技术创新等因素对全国重工业和轻工业全要素能源效率的影响来看，能源技术专利提高了重工业和轻工业的能源利用效率，但在提高重工业和轻工业能源效率方面的作用是有限的，能源技术专利每增加 1%，重工业全要素能源效率提高 0.005 36%，轻工业全要素能源效率提高 0.003 84%；重工业和轻工业企业规模的扩大都分别促进了重工业和轻工业全要素能源效率的提高；能源消费结构与重工业和轻工业全要素能源效率均存在负向关系，表明煤炭消费量占能源消费量的比重越大，越不利于提高重工业和轻工业全要素的能源效率；能源相对价格与重工业和轻工业全要素能源效率之间都存在显著负向关系，表明能源价格没有起到提高重工业和轻工业能源效率的作用；重工业内部结构与重工业全要素能源效率之间存在显著的负向关系，说明重工业总产值占工业总产值比重的增大并没有提高重工业能源效率，而以轻工业总产值所占比重表示的轻工业内部结构与轻工业全要素能源效率之间存在显著的正向关系。

第 6 章　能源技术创新与碳排放的长期均衡与动态关系

本章在 VAR 和 VECM 模型框架下，实证检验能源技术创新对碳排放的影响。首先分析全国碳排放量、碳排放强度和能源技术专利现状，其次探讨多因素共同作用下能源技术创新与碳排放量之间、能源技术创新与碳排放强度之间是否存在长期的均衡关系和动态关系。

6.1　中国碳排放国际比较

6.1.1　中国碳排放数据来源

由于中国官方没有直接公布 CO_2 排放量数据，现有文献关于中国碳排放量数据主要通过两种方式获得。一是根据 IPCC 指导目录和其推荐的 CO_2 排放估算参考方法进行估算。二是从国际上温室气体排放数据开发机构的专业数据库获得数据，主要有 EIA、IEA、CDIAC 以及世界资源研究所（World Resource Institute，WRI）和《联合国气候变化框架公约》公布的年度数据。本章直接选取 EIA 公布的中国 CO_2 排放数据，单位为 100 万吨。样本区间选择为 1985～2010 年，数据来源于 EIA 官方网站。

6.1.2　碳排放量国际比较

1985 年以来，世界 CO_2 排放总量不断增长，如图 6.1 所示，从 1985 年的 1 954 183.2万吨增加到 2010 年的 3 178 036.1 万吨，年均增速达到 2.409%。中国碳排放量呈现增长趋势，从 1985 年的 185 780.8 万吨增加到 2010 年的 832 096.3万吨，年均增速达到 13.38%，远远超过世界平均水平。从国际上典型国家碳排放量占世界比例的变化情况来看，呈现出了不一致的变化趋势。如图 6.2所示，美国碳排放量历史积累较多，1985～2000 年，美国的 CO_2 排放量所占比例最大，2001～2010 年开始呈现下降趋势，2008～2010 年所占比例低于 20%。日本的碳排放量所占比例保持着平稳趋势，在 2000 年达到 5.061%的最高比例后开始持续小幅下降。1985 年以来，印度和中国的碳排放量所占比例不断增加。从 EIA 统计数据上看，中国 CO_2 排放量占世界碳排放量的比例增幅最大，2007 年已经超过美国成为世界第一大 CO_2 排放国。

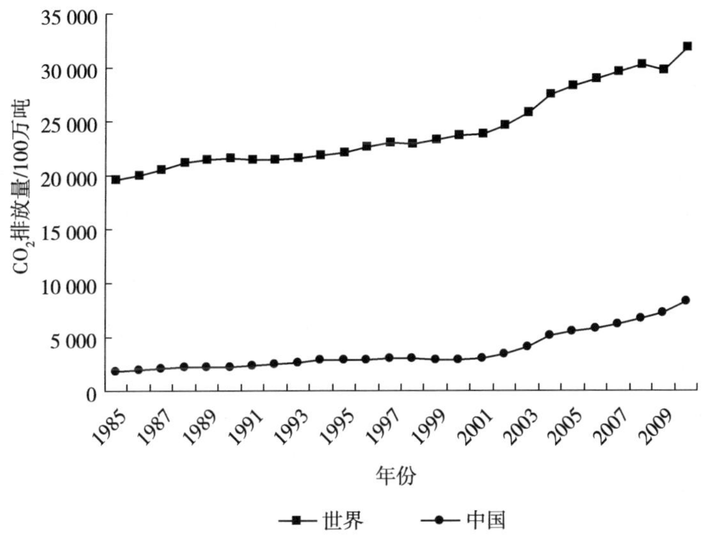

图 6.1　1985～2010 年中国与世界 CO_2 排放量变化趋势

资料来源：http://www.eia.gov/cfapps/ipdbproject/IEDIndex3.cfm? tid=90&pid=44&aid=8

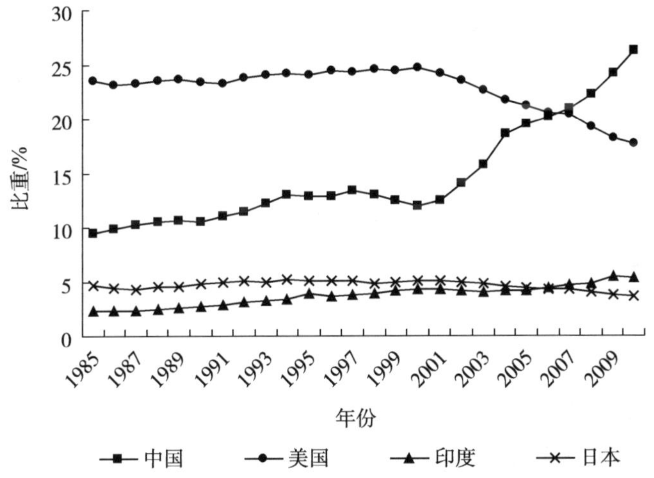

图 6.2　1985～2010 年典型国家 CO_2 排放量占世界比重变化趋势

资料来源：http://www.eia.gov/cfapps/ipdbproject/IEDIndex3.cfm? tid=90&pid=44&aid=8

从全国 CO_2 排放量变化情况来看，1985～2010 年我国 CO_2 排放量处于增长趋势。如图 6.2 所示，1985～1997 年碳排放增长相对比较缓慢，1997～2001 年出现了小幅下降，从 2001 年以后，碳排放量所占比重增长率明显加快。如表 6.1所示，2003 年碳排放量比 1985 年增长了 119.034%，2010 年碳排放量比 1985 年增长了 347.891%。碳排放需求与经济发展规模和发展水平直接相关，规模越大，水平越高，则需求越大。中国碳排放量保持快速增长态势的主要原因在于，改革开放以来，在快速经济发展和以煤炭为主的能源消费增长的带动下，对碳基能源的消费有刚性的需求；能源密集型产业技术落后，第二产业特别是高耗能工业能源消耗量比重过高，钢铁、化工、有色金属、建材四大高耗能行业用能占全社会用能的 40%左右[①]，使中国碳排放增量呈现明显增长趋势。

表 6.1 1985～2010 年中国 CO_2 排放量及增长率

年份	CO_2排放量/100 万吨	增长率/%	年份	CO_2排放量/100 万吨	增长率/%
1985	1 857.808		1998	2 967.256	59.718
1986	1 970.823	6.083	1999	2 885.721	55.329
1987	2 102.780	13.186	2000	2 849.750	53.393
1988	2 240.368	20.592	2001	2 969.576	59.843
1989	2 275.338	22.474	2002	3 464.843	86.502
1990	2 269.709	22.171	2003	4 069.239	119.034
1991	2 369.252	27.529	2004	5 089.780	173.967
1992	2 449.162	31.831	2005	5 512.703	196.732
1993	2 626.645	41.384	2006	5 817.144	213.119
1994	2 831.547	52.413	2007	6 184.096	232.871
1995	2 861.68	54.036	2008	6 721.434	261.794
1996	2 893.385	55.741	2009	7 204.886	287.816
1997	3 081.745	65.881	2010	8 320.963	347.891

注：增长率是指各年 CO_2排放量与 1985 年相比

资料来源：EIA. 2010. http://www.eia.gov/

6.1.3 碳排放强度国际比较

碳排放强度是指单位 GDP 的 CO_2排放量，是度量各国在减缓气候变化行动中分担责任份额的良好指标，能够较好地引导各国提高能源利用效率、降低碳排放[195]。一般情况下，碳排放强度指标随着技术进步和经济增长而下降。如图 6.3所示，1985～2010 年世界碳排放强度保持平稳，1990 年后美国碳排放强

① 资料来源：http://www.scio.gov.cn/。

度略低于世界平均水平，日本碳排放强度明显低于世界平均水平，这些国家较低的碳排放强度与其制定的一系列能源政策密切相关，如大幅降低煤炭在一次能源消费中的比重，大力提高石油和天然气的比重，积极发展核电、水电等非化石能源。中国和印度的碳排放强度远远超过世界平均水平和许多发达国家，也高于一些新兴工业化国家，1985～2010 年印度碳排放强度下降幅度较小；1985～2001 年中国碳排放强度下降幅度较大，2001 年下降到最小值，之后又有小幅反弹。中国碳排放强度的下降在一定程度上表明中国能源效率的提高，这主要由中国产业结构的调整、能源技术水平的发展和能源结构的优化所致[105]。

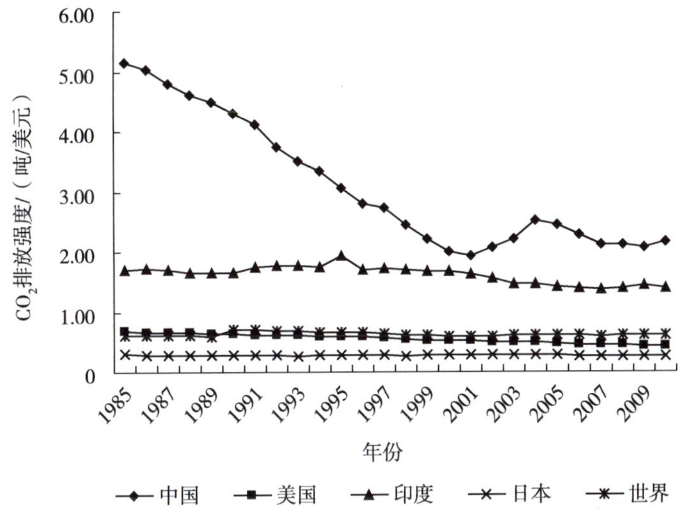

图 6.3　1985～2010 年典型国家 CO_2 排放强度变化趋势

资料来源：http://www.eia.gov

6.2　中国能源技术专利的测算及现状

6.2.1　中国能源技术专利的测算

本章根据国家知识产权局测算全国的能源技术专利数据。首先，运用 4.3.1 小节关于能源技术专利的测算方法，获得了 1985～2010 年的能源技术专利数据；其次，按照年份进行统计汇总，得到 1985～2010 年各年全国能源技术专利数据。

6.2.2　能源技术专利的现状

从 1985 年专利制度确立以来，经过三十年的积累和沉淀，取得了大量的能源技术专利。如图 6.4 所示，1985～2010 年能源技术专利申请量保持增长趋势，尤其是 2000 年后呈现了快速增长的态势。2000 年国内能源技术专利申请量比 1985 年增加了 879.693%，2010 年国内能源技术专利申请量比 1985 年增加了 4 351.341%。上述数据表明，1985～2010 年我国能源技术创新能力明显提升。

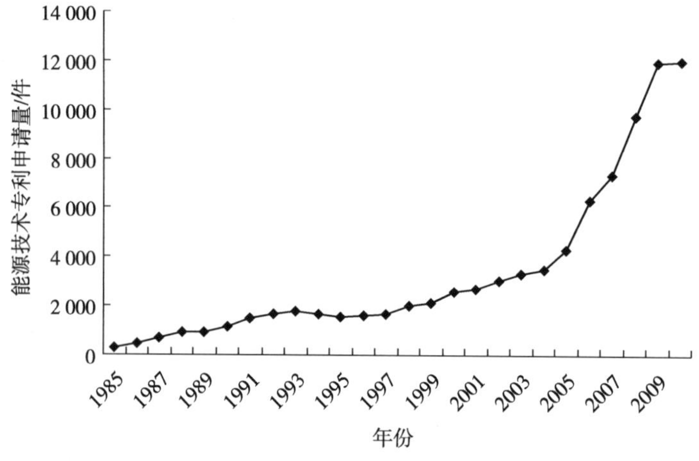

图 6.4　1985～2010 年我国能源技术专利申请量变化趋势

资料来源：国家知识产权局，http://www.sipo.gov.cn/

6.3　能源技术创新与碳排放量的长期均衡与动态关系

6.3.1　模型设定

基于传统的经济计量方法建立的模型往往不能反映变量间的动态关系，在分析时间序列数据时具有一定的局限性。而 VAR 和 VECM 由于考察了变量之间的内部动态关系，被广泛地应用于多变量的时间序列分析中。VAR 模型不做任何先验性约束，通过对各变量滞后回归分析，预测相关时间序列之间的关系，解释随机扰动对变量系统的动态影响，这种方法避免了主观划分解释变量和被解释变量的不足。综合现有研究，发现目前利用 VAR/VECM 对我国能源技术创新对碳排放影响进行研究的文献还很少，本章基于该方法从能源技术专利角度研究技术创新对碳排放的影响。

实际中经济时间序列往往是非平稳的，如果直接使用序列水平值来研究经济变量间的长期均衡和动态关系，容易得出错误结论。在运用 VAR 模型分析之前，需要进行序列平稳性检验和协整检验。Engle 和 Granger 认为 VECM 是含有协整约束的 VAR 模型，VAR 模型差分过程容易丢失重要的非均衡误差信息，而 VECM 可以弥补这一不足，能够同时反映非平稳变量的长期均衡与短期动态变化。由于难以对 VAR 模型检验结果进行经济含义的解释，因此往往采用脉冲响应函数(impulse response function，IRF)和方差分解分析方法来进行补充。因此，本章在 VAR 模型分析的基础上，构造 VECM，然后对 VECM 进行广义脉冲响应函数和方差分解分析，从而动态地观察能源技术创新等因素与碳排放之间的关系及不同时期这些因素对碳排放的影响程度。

基于 3.2 节能源技术创新对碳排放影响的理论分析，由图 3.2 可知，影响碳排放的因素有很多，并且影响因素之间存在错综复杂的关系。研究能源技术创新对碳排放的影响，需要同时考虑多种因素的共同作用。这里主要从碳排放的直接影响因素入手来选取变量，包括技术进步、产业结构、能源消费结构、人口、经济增长；此外，能源价格通过产业结构、能源消费结构和技术进步间接作用于碳排放，具有调节作用，故将此变量纳入模型中；由于只研究国内能源技术创新，故不再考虑对外贸易的作用。基于上述变量选取原则，设计变量指标如表 6.2 所示。

表 6.2　碳排放影响因素变量说明

变量	定义及符号	数据来源及说明	参考文献
人均 CO_2 排放	全国碳排放量与总人口数量的比值(PCO_2)	《新中国六十年统计资料汇编》和《中国统计年鉴》(1990～2011 年)，单位：吨/人	林伯强和蒋竺均[130]、查冬兰和周德群[196]
能源技术专利	全国能源技术专利申请量(PATENT)	国家知识产权局，单位：件	魏巍贤和杨芳[155]
产业结构	全国工业增加值占 GDP 的比重(GS)	《中国统计年鉴》和《新中国六十年统计资料汇编》，以 1990 年不变价格折算	杜立民[136]、魏巍贤和杨芳[155]
能源消费结构	全国煤炭消费占一次能源消费量的比重(ES)	《中国能源统计年鉴》和《新中国六十年统计资料汇编》	杜立民[136]、杨桂元和李璐[134]
经济增长	人均国内生产总值(PGDP)	《中国统计年鉴》和《新中国六十年统计资料汇编》，以 1990 年不变价格折算，单位：万元/人	杜立民[136]、林伯强和刘希颖[125]
能源价格	全国原材料、燃料动力购进价格指数(EP)	《新中国六十年统计资料汇编》、《中国能源统计年鉴》(1990～2011 年)，以 1990 年不变价格折算	何凌云和林祥燕[179]

大多数研究认为技术进步有助于降低碳排放，但也存在不一致的结论；产业结构是指宏观经济中第一、二、三产业所占比重，一般认为，第二产业中工业所

占比重越大，能耗越高，碳排放量就越大；能源消费结构是指一次能源消费中煤炭、石油、天然气以及水电、风电等可再生能源所占比重，煤炭消费所占比重越大，碳排放量则越高；由于我国正处于工业化中期阶段，普遍认为经济增长和人口增长提高了碳排放水平；一般认为，合理的能源价格体系是提高能源利用效率、降低碳排放的经济杠杆。

数据经对数变换后，可以避免数据的剧烈波动，消除可能存在的异方差，同时不影响变量间的长期稳定关系。因此，对上述变量涉及的样本数据进行了对数化处理。对数变化后的变量含义如下：$LNPCO_2$ 指代人均 CO_2 排放量的对数，LNPATENT 指代能源技术专利的对数，LNPGDP 指代人均 GDP 的对数，LNGS 指代产业结构的对数，LNES 指代能源消费结构的对数，LNEP 指代能源价格的对数。由于中国的碳排放与经济增长关系的不稳定，因此在探讨人均 CO_2 排放量与人均 GDP 之间的关系时假定了人均 GDP 存在二次、三次关系[118]。为了深刻反映能源技术创新对碳排放量的影响，把上述变量放在同一框架下，建立的计量模型如下。

$$\begin{aligned} LNPCO_{2t} = {} & \alpha + \beta_1 LNPATENT_t + \beta_{21} LNPGDP_t + \beta_{22} LNPGDP_t^2 + \beta_{23} LNPGDP_t^3 \\ & + \beta_3 LNES_t + \beta_4 LNGS_t + \beta_5 LNEP_t + \mu_t \end{aligned} \tag{6-1}$$

其中，t 为时间。由于能源价格仅有 1989 年后的数据，因此本节变量选择的时间为 1989～2010 年。

6.3.2 实证检验

基于 VAR/VECM 方法，利用平稳性检验、协整检验、脉冲响应函数和方差分解分析方法，实证分析多种因素共同作用下能源技术创新与碳排放量的长期均衡和动态关系。

1)单位根检验

在进行协整检验之前，首先需要对上述六个时间序列进行单位根检验，来确定这些时间序列是否平稳。运用 ADF(augmented Dickey-Fuller)检验方法对这些时间序列进行单位根检验，在进行 ADF 检验时，需要考虑时间序列是否包含截距项、时间趋势及滞后变量的个数。检验结果如表 6.3 所示，包括所有时间序列的水平值、一阶差分值和二阶差分值。从 ADF 检验结果来看，六个时间序列的水平值和一阶差分值均没有拒绝有单位根的零假设，说明 $LNPCO_2$、LNPATENT、LNPGDP、LNES、LNGS、LNEP 的水平值和一阶差分值都是非平稳的。根据 Granger 和 Hallman[197]的研究，由于 LNPGDP 是非平稳的，这说明人均 GDP 的二次、三次序列也均为非平稳序列。所有时间序列的二阶差分值在 ADF 检验中在 1%显著水平上拒绝了有单位根的零假设，表明所有变量在二阶差分后是平稳的。因此，$LNPCO_2$、LNPATENT、LNPGDP、LNES、LNGS、LNEP 都是 I(2)的。

表 6.3　变量单位根检验结果

变量	检验类型(c，t，k)	ADF 统计量	伴随概率 P 值	结论
$LNPCO_2$	(c，0，1)	0.255	0.969	不平稳
D $LNPCO_2$	(c，0，0)	−2.009	0.281	不平稳
DD $LNPCO_2$	(c，0，0)	−4.314	0.004	平稳
LNPATENT	(c，0，0)	1.688	0.999	不平稳
DLNPATENT	(c，t，0)	−3.192	0.115	不平稳
DDLNPATENT	(c，t，0)	−7.104	0.000	平稳
LNPGDP	(c，0，2)	−2.525	0.126	不平稳
DLNPGDP	(c，0，1)	−2.429	0.148	不平稳
DDLNPGDP	(c，0，0)	−2.806	0.008	平稳
LNES	(c，0，0)	−1.369	0.576	不平稳
DLNES	(c，t，0)	−3.565	0.061	不平稳
DDLNES	(c，t，0)	−6.420	0.000	平稳
LNGS	(c，0，0)	−1.699	0.417	不平稳
DLNGS	(c，0，0)	−2.413	0.152	不平稳
DDLNGS	(c，0，0)	−4.270	0.004	平稳
LNEP	(c，0，1)	−2.623	0.106	不平稳
DLNEP	(c，0，0)	−2.022	0.276	不平稳
DDLNEP	(c，0，0)	−4.463	0.003	平稳

注：D 表示变量的一次差分，DD 表示变量的二次差分；检验类型(c，t，k)，c 表示截距项，t 表示时间趋势项，k 是基于 SIC 准则计算的滞后项

2)协整检验

变量序列之间存在协整关系的前提是各个序列都是非平稳序列，由于上述六个时间序列的水平值和一阶差分值都存在单位根，均为非平稳序列，因此可以进行协整检验。在进行 Johansen 协整检验前，需要确定 VAR 模型的滞后阶数 P，根据赤池信息准则(Akaike information criterion，AIC)、施瓦茨准则(Schwarz criterion，SC)和 LR(likelihood ratio，即似然比)统计量来选择最优滞后阶数，检验结果表明 $P=1$。由于协整检验模型是对无约束 VAR 模型进行协整约束后得到的 VAR 模型，因此协整检验的 VAR 模型滞后阶数确定为 0。

如表 6.4 所示，协整检验的特征根迹(trace)检验和最大特征值检验均表明在 1%的显著水平上拒绝了存在零个协整关系的零假设，接受了至多存在一个协整关系的零假设。表明在人均 CO_2 排放、能源技术专利、人均 GDP、能源消费结构、产业结构和能源价格之间存在一个协整方程，即变量间存在长期关系。然后通过建

立 VECM，得到变量间的一个协整方程，协整方程估计结果如表 6.5 所示。

表 6.4 Johansen 协整检验结果

零假设	特征根	特征根迹			最大特征值		
		统计量	5%临界值	P	统计量	5%临界值	P
存在 0 个协整关系***	0.841	62.259	47.856	0.001	36.793	27.584	0.003
至多 1 个协整关系	0.578	25.466	29.797	0.146	17.262	21.132	0.160

***、**、* 分别表示在 1%、5%、10%显著性水平上拒绝零假设

表 6.5 协整方程估计结果

自变量	因变量(CO_2排放量)	
	系数	t 统计量
能源技术专利	−0.808	1.343
GDP	−13 200.010***	9.011
GDP 的二次项	1 685.321***	−9.033
GDP 的三次项	−71.212***	8.981
能源消费结构	35.364***	−5.215
产业结构	1.746	−1.676
能源价格	−48.948***	9.773
常数项	−34 312.490*	2.014

***、**、* 分别表示在 1%、5%、10%水平下显著

注：依据 t 检验临界值判断显著性，$t_{0.005}(14)=2.977$，$t_{0.025}(14)=2.145$，$t_{0.05}(14)=1.761$；表中变量回归分析时均取对数值

协整方程估计结果表明，除了 LNPATENT 和 LNGS 两个变量系数不显著外，其他变量系数均通过了 1%的显著性检验，如表 6.5 所示。由协整方程可以看出，变量之间存在如下关系。

能源技术专利的系数为−0.808，表明能源技术专利能够一定程度上起到降低碳排放的作用，但这一作用并不显著。这主要由于我国专利起步时间不长，能源技术专利发展水平低，政府缺乏有效的能源技术创新政策，突出表现为：我国政府能源 R&D 经费占 GDP 的比重远远低于多数发达国家[198]；专利授权持续时间较长，目前我国一项专利获得授权的实际时间为 5～6 年[199]；政府在能源技术专利向产业化转化方面缺乏有效的政策支持机制，导致我国能源技术专利成果转化率低，这些都制约了我国能源技术专利的发展，也不利于推动经济快速增长背景下的节能减排工作。

人均 GDP 的一次项、二次项、三次项系数分别为−13 200.010、1 685.321、−71.212，表明中国经济增长对碳排放的影响具有先负后正的镜对称关系[118]。碳

排放与经济增长之间的关系出现波动，可能是由于外部环境、技术变革、制度变迁等因素的冲击。尽管如此，由于我国GDP的快速增长在某种程度上是以高排放为代价的，在未来一段时间内，总体来看，碳排放还是会随着经济增长而增加。

能源消费结构的系数为35.364，表明煤炭能源消费所占比重越大，碳排放量越多。由于中国的经济增长过度依赖煤炭等化石能源，以煤炭为主的能源结构和落后的能源利用技术是产生高排放、高消耗的重要原因。

产业结构的系数为1.746，表明工业增加值占GDP的比重越大，碳排放量越多，但产业结构变动对人均碳排放的影响并不显著。原因可能在于，自1995年以来，我国大多数省份的产业结构变动不大，工业增加值占GDP的比重基本保持了小幅上升的趋势，但有些省份却出现了较大幅度的下降；而大多数省份重工业总产值占工业总产值的比重持续上升，有些省份的重工业比重甚至提高了20%以上[136]。因此，我国经济结构中工业结构的变动对人均碳排放量的持续上升可能有显著影响，而产业结构变动的影响不显著。

能源价格的弹性系数为−48.948，说明能源价格的合理上涨可以在一定程度上起到抑制碳排放的作用，这一结果与何凌云和林祥燕[179]的研究结论一致。在实际经济运行中，能源价格与碳排放之间属于远程关系，能源价格通过影响经济结构、经济总量和能源效率，进而作用于碳排放[179]。

3)脉冲响应和方差分解分析

人均CO_2排放、能源技术专利、人均GDP、能源消费结构、产业结构和能源价格之间的长期均衡表明了长期内变量之间的关系，要了解各变量变动的动态影响，需通过脉冲响应函数和方差分解分析来实现。由于VAR模型是非平稳的，因此本章通过对带约束的VAR模型(即VECM)进行广义脉冲响应函数和方差分解分析，进而研究各变量间的动态关系以及相互影响程度。

人均CO_2排放量对各变量的脉冲响应结果如图6.5所示。第一，人均CO_2排放量显著地受到自身冲击的影响，这一冲击具有较长的持续效应。第二，当本期给定能源技术专利一个新息冲击后，人均CO_2排放量开始下降，说明人均CO_2排放量受到能源技术专利负向冲击的影响，这种负向影响越来越大，表明能源技术专利在降低碳排放方面的作用越来越凸显。第三，当本期给定人均GDP一个新息冲击后，人均CO_2排放量开始增加，并且人均GDP冲击对人均CO_2排放量有持续的正向影响。第四，当本期给定能源消费结构一个新息冲击后，人均CO_2排放量增加，并且能源消费结构冲击对人均CO_2排放量有稳定的正向影响。第五，当本期给定产业结构一个新息冲击后，前3年对人均CO_2排放量的影响为正，从第4年开始，产业结构冲击对人均CO_2排放量有稳定的负向影响。第六，当本期给定能源价格一个新息冲击后，前9年对人均CO_2排放量的影响为正，从第10年开始，能源价格冲击对人均CO_2排放量有稳定的负向影响。

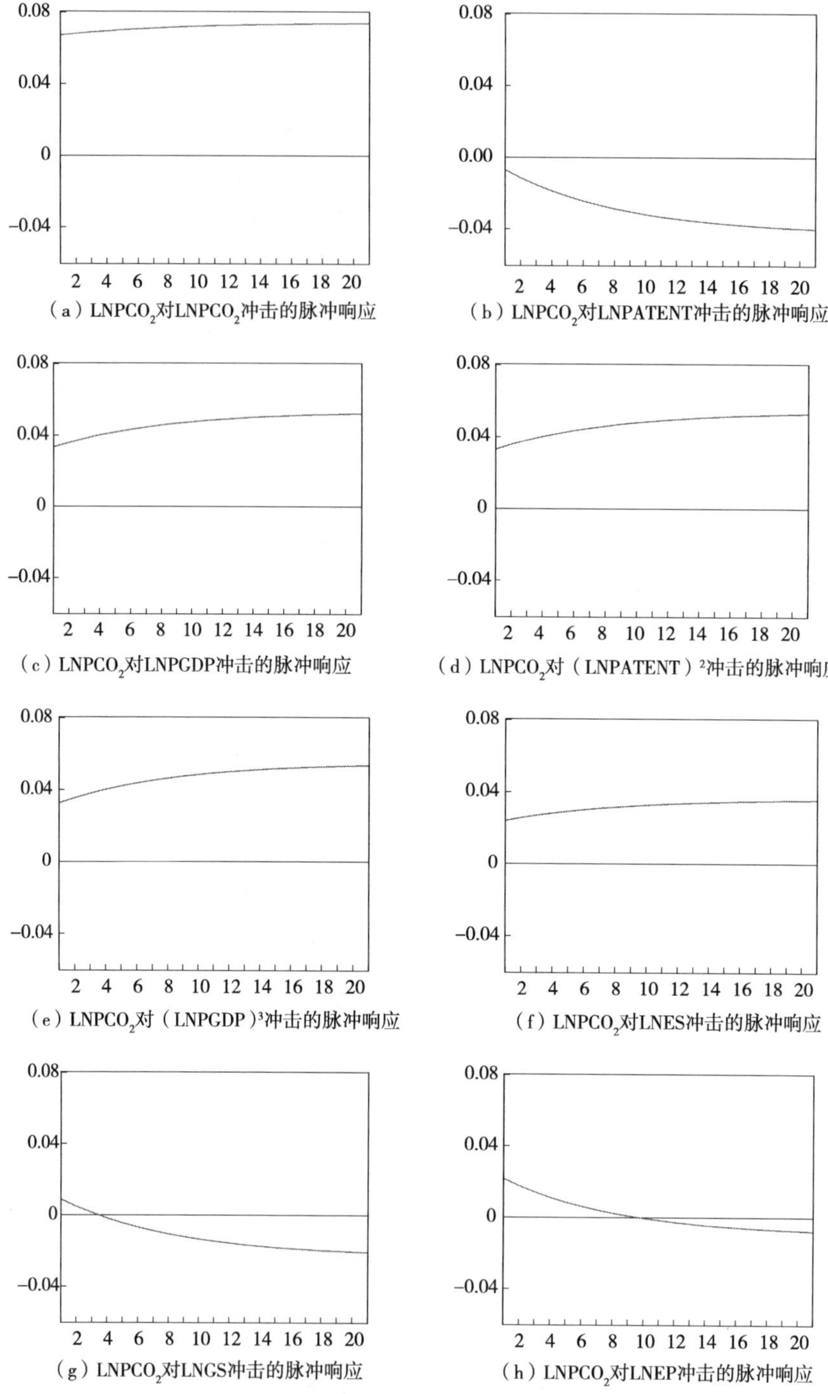

（a）$LNPCO_2$对$LNPCO_2$冲击的脉冲响应

（b）$LNPCO_2$对LNPATENT冲击的脉冲响应

（c）$LNPCO_2$对LNPGDP冲击的脉冲响应

（d）$LNPCO_2$对（LNPATENT）^{2}冲击的脉冲响应

（e）$LNPCO_2$对（LNPGDP）^{3}冲击的脉冲响应

（f）$LNPCO_2$对LNES冲击的脉冲响应

（g）$LNPCO_2$对LNGS冲击的脉冲响应

（h）$LNPCO_2$对LNEP冲击的脉冲响应

图 6.5　$LNPCO_2$对各变量的脉冲响应图

LNPCO_2排放量的方差分解分析结果如表 6.6 所示。第一，从 LNPCO_2排放量的方差分解可以发现，由于 LNPCO_2的方差 60%以上出于自身贡献，因此它主要取决于本身。第二，LNPATENT 对 LNPCO_2的影响逐渐增加，第 5 年解释了 LNPCO_2方差的 2.257%，第 12 年后每年解释 LNPCO_2方差的贡献均在 5.22%以上，意味着能源技术专利对人均 CO_2排放量有长期的影响。第三，LNPGDP 对 LNPCO_2方差的贡献程度持续增强，第 12 年以后达到 9.33%以上，意味着在长期人均 GDP 对人均 CO_2 排放量有显著的影响。第四，LNES 对 LNPCO_2方差的贡献程度逐渐增强，意味着能源消费结构对人均 CO_2排放量表现出了长期的影响，但各年解释 LNPCO_2方差的能力均不超过 1%。第五，LNGS 对 LNPCO_2方差的贡献程度逐渐增强，第 10 年后达到 1%以上，意味着产业结构对人均 CO_2排放量表现出了长期的影响。第六，LNEP 对 LNPCO_2方差的贡献程度逐渐增强，意味着能源价格对人均 CO_2排放量表现出了长期的影响，但各年解释 LNPCO_2方差的能力均不超过 1%。

表 6.6　LNPCO_2方差分解分析结果

时期	LNPCO_2	LNPATENT	LNPGDP	LNPGDP 二次项	LNPGDP 三次项	LNES	LNGS	LNEP
3	97.422	0.604	0.031	1.079	0.622	0.068	0.124	0.050
6	90.364	2.257	0.118	4.032	2.325	0.255	0.462	0.187
9	83.384	3.892	0.203	6.953	4.009	0.440	0.797	0.322
12	77.691	5.225	0.273	9.336	5.383	0.591	1.070	0.432
15	73.283	6.257	0.326	11.180	6.446	0.708	1.282	0.517
18	68.899	7.050	0.368	12.597	7.263	0.797	1.444	0.583
21	67.283	7.663	0.400	13.691	7.894	0.866	1.569	0.634

6.3.3　基本结论

基于 VAR/VECM 方法，本节研究了多因素共同作用下能源技术创新对碳排放的影响，通过脉冲反应函数和方差分解分析方法研究变量之间的动态影响关系，得出以下结论：第一，人均 CO_2排放量、能源技术专利、人均 GDP、能源消费结构、产业结构及能源价格之间存在着长期均衡关系。具体地，能源技术专利与人均 CO_2排放之间存在长期负向关系，但不显著；人均 GDP 对人均 CO_2排放量的影响是显著的，具有先负后正的镜对称关系；能源消费结构与人均 CO_2排放量之间存在显著的正向关系；工业增加值占 GDP 的比重所代表的产业结构与人均 CO_2排放量之间存在正向关系，但不显著；能源价格与人均 CO_2排放量之间存在显著的负向关系。第二，从人均 CO_2排放量的方差分解分析结果来看，人均 GDP 和能源技术专利对人均 CO_2排放量方差的贡献比较大，产业结构、能源消费结构和能源价格对人均 CO_2 排放量方差的贡献则比较小。

6.4 能源技术创新与碳排放强度的长期均衡与动态关系

6.4.1 模型构建

在研究了能源技术创新与碳排放量长期均衡与动态关系的基础上，有必要进一步研究能源技术创新与碳排放强度的长期均衡与动态关系，进而比较能源技术创新对 CO_2 排放量与碳排放强度影响的差异，研究方法与 6.3.1 小节相同。综合现有文献发现，少有学者运用 VAR/VECM 方法从能源技术专利角度研究技术创新对碳排放强度的影响。

考察能源技术创新与碳排放强度的长期均衡与动态关系，一方面基于 3.2 节碳排放影响因素的理论分析框架，另一方面必须结合我国碳排放强度的实际特点进行研究。影响碳排放的因素有很多，并且影响因素之间存在错综复杂的关系。在参考现有关于碳排放强度影响因素文献的基础上，本节只选取以下变量进行分析，包括技术进步、产业结构、能源消费结构、能源强度。基于上述变量选取原则，设计变量指标如表 6.7 所示。在上述变量中，大多数研究认为技术进步有助于降低碳排放强度；通常来说，产业结构中工业增加值占 GDP 比重越大，能耗越高，碳排放强度也越大；能源消费结构中煤炭消费量所占比重越大，碳排放强度就越高；能源强度常用于比较不同国家和地区的能源综合利用效率，用一个国家或地区一次能源使用总量或最终能源使用与国内生产总值之比来衡量，能源强度越大，碳排放强度就越高。

表 6.7 碳排放强度影响因素变量说明

变量	定义及符号	数据来源及说明	参考文献
CO_2 排放强度	单位 GDP 的 CO_2 排放量(CI)	EIA、《中国统计年鉴》(1990～2011 年)和《新中国六十年统计资料汇编》，GDP 以 1990 年不变价格折算，单位：吨/万元	赵奥和武春友[200]、刘广伟和赵涛[178]、周五七和聂鸣[201]
技术进步	全国能源技术专利申请量(PATENT)	国家知识产权局，单位：件	张友国[202]
产业结构	工业增加值占 GDP 比重(GS)	《中国统计年鉴》(1990～2011 年)和《新中国六十年统计资料汇编》，以 1990 年不变价格折算	张友国[202]、陈诗一[177]

续表

变量	定义及符号	数据来源及说明	参考文献
能源消费结构	全国煤炭消费量占一次能源消费量的比重(ES)	《中国能源统计年鉴》(1990～2011 年)和《新中国六十年统计资料汇编》	赵奥和武春友[200]、刘广伟和赵涛[178]
能源强度	单位 GDP 能耗(EI)	《新中国六十年统计资料汇编》《中国能源统计年鉴》(1990～2011 年)，GDP 以 1990 年不变价格折算，单位：吨标准煤/万元	陈诗一[177]、刘广伟和赵涛[178]

数据经对数变换后，可以避免数据的剧烈波动，消除可能存在的异方差，同时不影响变量间的长期稳定关系。因此，对表 6.7 中变量涉及的样本数据进行了对数化处理。对数化处理后的变量含义如下：LNCI 指代 CO_2 排放强度的对数，LNPATENT 指代能源技术专利的对数，LNES 指代能源消费结构的对数，LNGS 指代产业结构的对数，LNEI 指代能源强度的对数。为了深刻反映能源技术创新对碳排放强度的影响，把上述变量放在同一框架下，建立的计量模型如下：

$$\mathrm{LNCI}_t=\alpha+\beta_1\mathrm{LNPATENT}_t+\beta_2\mathrm{LNES}_t+\beta_3\mathrm{LNGS}_t+\beta_4\mathrm{LNEI}_t+u_t \quad (6\text{-}2)$$

其中，t 为时间，本节变量时间范围为 1989～2010 年。

6.4.2　实证检验

利用平稳性检验、协整检验、脉冲响应函数和方差分解分析方法，实证分析多种因素共同作用下能源技术创新与碳排放强度的长期均衡和动态依存关系。

1)单位根检验

运用 ADF 检验方法对 LNCI、LNPATENT、LNES、LNGS、LNEI 五个时间序列进行单位根检验，检验结果如表 6.8 所示，包括时间序列的水平值、一阶差分值和二阶差分值。从 ADF 检验结果来看，LNCI、LNEI 两个时间序列的水平值和一阶差分值均没有拒绝有单位根的零假设，因此，LNCI 和 LNEI 的水平值和一阶差分值都是非平稳的。序列 LNCI 和 LNEI 的二阶差分值在 1%或 5%显著性水平上拒绝了存在单位根的零假设，表明序列 LNCI 和 LNEI 的二阶差分是平稳的。由表 6.3 可知，时间序列 LNPATENT、LNES、LNGS 的水平值和一阶差分值都是非平稳的，二阶差分是平稳的。因此，LNCI、LNPATENT、LNPGDP、LNES、LNGS、LNEI 都是 I(2)序列。

表 6.8 变量单位根检验结果

变量	检验类型(c，t，k)	ADF 统计量	伴随概率 P 值	结论
LNCI	(c，t，1)	−2.063	0.532	不平稳
DLNCI	(c，0，0)	−1.260	0.184	不平稳
DDLNCI	(c，0，3)	−4.105	0.008	平稳
LNEI	(c，t，0)	−2.264	0.433	不平稳
DLNEI	(c，0，0)	−1.192	0.205	不平稳
DDLNEI	(c，0，0)	−2.431	0.018	平稳

注：D 表示变量的一次差分，DD 表示变量的二次差分；检验类型(c，t，k)，c 表示截距项，t 表示时间趋势项，k 是基于 SIC 准则计算的滞后项

2)协整检验

由于 LNCI、LNPATENT、LNES、LNGS、LNEI 五个时间序列都是非平稳的，因此可以进行变量间的协整检验。根据 AIC、SC 信息准则和 LR 统计量确定 VAR 模型的最优滞后阶数为 2，协整检验的滞后阶数为 1。

如表 6.9 所示，协整检验的特征根迹检验和最大特征值检验均表明在 1%的显著水平上拒绝了存在 0 个协整关系的零假设，接受了至多存在一个协整关系的零假设。表明在 CO_2 排放强度、能源技术专利、能源消费结构、产业结构和能源强度之间存在一个协整方程，即变量间存在长期关系。

表 6.9 Johansen 协整检验结果

零假设	特征根	特征根迹			最大特征值		
		统计量	5%临界值	P	统计量	5%临界值	P
存在 0 个协整关系***	0.915	56.911	47.856	0.006	41.919	33.877	0.001
至多 1 个协整关系	0.765	29.426	29.797	0.155	27.484	27.584	0.152

*** 表示在 1%显著性水平上拒绝零假设

在确定变量间存在协整关系的基础上，通过建立 VECM 得到协整方程系数。协整方程估计结果表明，除了 LNGS 变量系数在 10%水平下显著外，其他变量系数通过了 1%或 5%的显著性检验，如表 6.10 所示。由协整方程可以看出，变量之间存在如下关系。

表 6.10 协整方程估计结果

自变量	因变量(CO_2 排放强度)	
	系数	t 值
能源技术专利	−0.309***	12.412
能源消费结构	3.749***	−4.464

续表

自变量	因变量(CO_2排放强度)	
	系数	t 值
产业结构	0.004 *	−1.781
能源强度	0.069 **	−2.154
常数项	−7.751 **	2.482

***、**、* 分别表示在 1%、5%、10%水平下显著

注：依据 t 检验临界值判断显著性，$t_{0.005}(17)=2.898$，$t_{0.025}(17)=2.110$，$t_{0.05}(17)=1.740$；表中变量回归分析时均取对数值

首先，能源技术专利的系数为−0.309，表明能源技术专利与碳排放强度之间存在显著的长期负向关系，能源技术专利每增加 1%，CO_2 排放强度则下降 0.309%。因此，能源技术专利起到了降低碳排放强度的作用。CO_2 排放强度是国际上衡量温室气体减排效果的一个非常有效的指标[52]，我国政府积极制定相关政策，试图通过提高化石能源技术效率、推动能源结构调整、发展无碳能源技术来降低碳排放强度，与之相随的是能源技术的发展和大量能源技术专利成果的产生。

其次，能源消费结构的系数为 3.749，表明能源消费结构与碳排放强度之间存在显著的长期正向关系，煤炭消费占能源消费结构的比重每增加 1%，CO_2 排放强度则上升 3.749%。由于煤炭是碳基能源，煤炭消费占能源消费结构的比重越大，CO_2 排放强度越高，这与大多学者的研究结论是一致的。

再次，产业结构的系数为 0.004，表明产业结构与 CO_2 排放强度之间存在长期的正向关系。原因可能在于近二十年来我国工业增加值占 GDP 的比重基本上保持了小幅上升的趋势，有些省份甚至出现了较大幅度的下降，因此，工业增加值占 GDP 比例的上升并没有造成 CO_2 排放强度的大幅上升。

最后，能源强度的系数为 0.069，表明能源强度与 CO_2 排放强度之间存在显著的长期正向关系，能源强度每下降 1%，CO_2 排放强度降低 0.069%。因此，利用能源强度的降低来抑制碳排放强度的上升的效果比较明显。技术进步是导致能源强度下降、能源利用效率提高的主要动力，需要通过技术进步减少单位产值能源的使用，进而实现碳排放强度的降低。

3)脉冲响应函数和方差分解分析

CO_2 排放强度、能源技术专利、能源消费结构、产业结构和能源强度之间的长期均衡说明了变量之间存在长期关系。由于 VAR 模型是非平稳的，因此需要对带约束的 VAR 模型(即 VECM)进行广义脉冲响应函数和方差分解分析，进而探讨各变量间的动态关系以及相互影响程度。

CO_2 排放强度对各变量的脉冲响应结果如图 6.6 所示。第一，CO_2 排放强度

显著地受到自身冲击的影响，在第 3 年达到最大值后持续下降，第 9 年达到最小值后开始上升。第二，当本期给能源技术专利一个新息冲击后，CO_2 排放强度先上升后下降，从第 6 年开始 CO_2 排放强度持续受到能源技术专利负向冲击的影响，表明能源技术专利降低 CO_2 排放强度的作用有一定的滞后性。第三，当本期给定能源消费结构一个新息冲击后，在前 2 年能源消费结构对能 CO_2 排放强度有负的影响，第 3 年以后，能源消费结构冲击对 CO_2 排放强度有稳定的正向影响。第四，当本期给定产业结构一个新息冲击后，产业结构对 CO_2 排放强度的冲击围绕 0 值上下波动，先正后负再转为正。第五，当本期给定能源强度一个新息冲击后，前 10 年 CO_2 排放强度对能源强度冲击的影响为正，第 5 年达到最大值后开始下降，第 11 年到第 14 年为负，之后保持稳定的正影响。

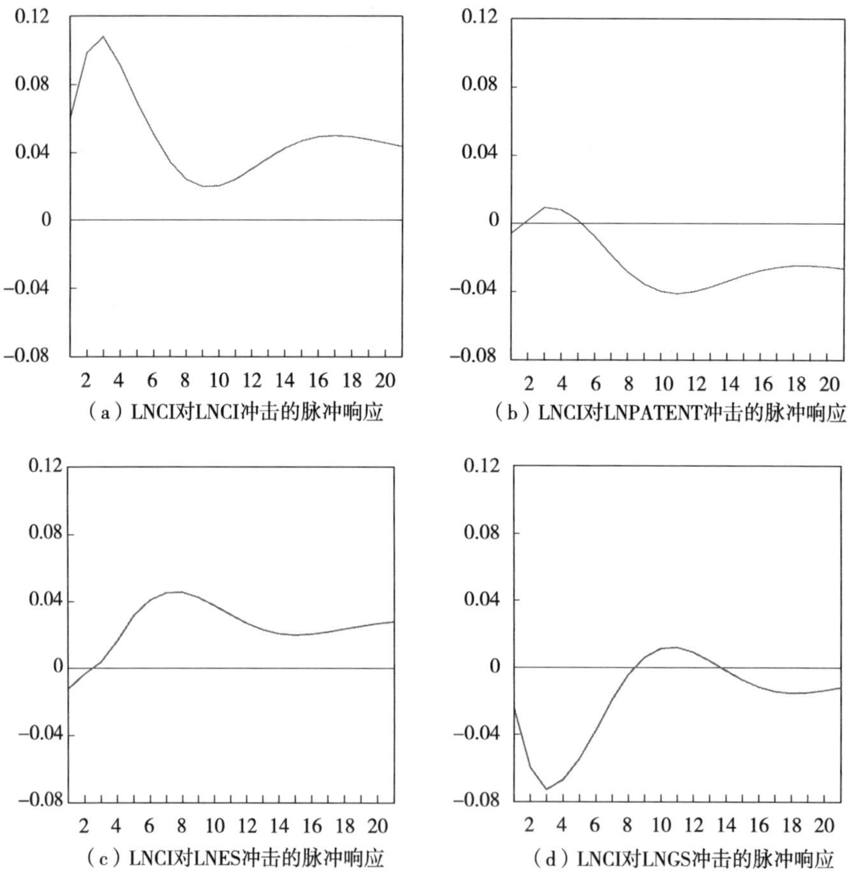

（a）LNCI对LNCI冲击的脉冲响应

（b）LNCI对LNPATENT冲击的脉冲响应

（c）LNCI对LNES冲击的脉冲响应

（d）LNCI对LNGS冲击的脉冲响应

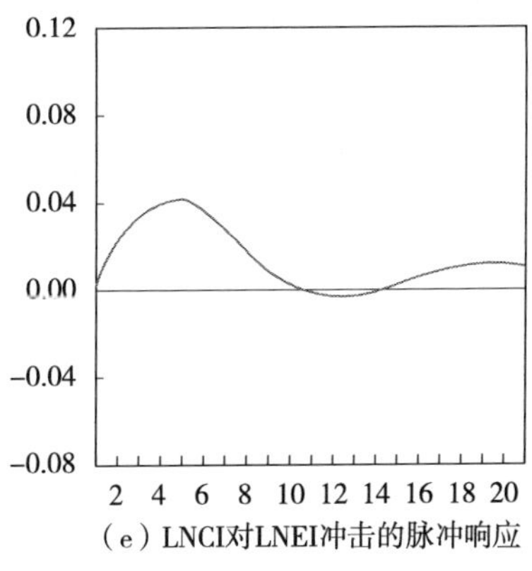

（e）LNCI对LNEI冲击的脉冲响应

图 6.6　LNCI 对各变量的脉冲响应图

LNCI 的方差分解分析结果如表 6.11 所示。第一，从 LNCI 的方差分解分析可以发现，由于 LNCI 的方差 50%以上出于自身贡献，因此它主要取决于本身。第二，LNPATENT 对 LNCI 的影响总体呈增长趋势，第 3 年解释了 LNCI 方差的 1.868%，第 8 年至第 12 年影响速度加快，第 13 年后解释 LNCI 方差的能力平稳地保持在 10%以上，意味着能源技术专利对 CO_2 排放强度有长期显著的影响。第三，LNES 对 LNCI 方差的贡献程度逐渐增强，第 8 年后解释 LNCI 方差的能力平稳地保持在 21%以上，意味着能源消费结构对 CO_2 排放强度有长期显著的影响。第四，LNGS 对 LNCI 方差的贡献程度保持平稳，LNGS 解释 LNCI 方差的能力保持在 4%左右，意味着产业结构对 CO_2 排放强度有长期的影响，但影响的程度不大。第五，LNEI 对 LNCI 方差的贡献程度逐渐增强，意味着能源强度对 CO_2 排放强度有长期的影响，但各年解释 LNCI 方差的能力均不超过 3.3%。

表 6.11　LNCI 方差分解分析结果

时期	LNCI	LNPATENT	LNES	LNGS	LNEI
3	91.790	1.868	2.819	3.348	0.174
6	80.333	1.703	13.263	4.269	0.432
9	66.143	4.528	24.161	3.770	1.398
12	56.675	9.251	27.024	4.653	2.398
15	54.385	10.915	27.068	4.722	2.910
18	54.500	10.857	27.259	4.274	3.110
21	53.788	10.810	28.232	3.901	3.270

6.4.3　基本结论

基于 VAR/VECM 方法，本节研究了多因素共同作用下能源技术创新对碳排放强度的影响，并通过脉冲反应函数和方差分解分析方法研究变量之间的动态影响关系。基本结论是：第一，CO_2排放强度、能源技术专利、能源消费结构、产业结构及能源强度之间存在着长期协整关系。具体地，能源技术专利与CO_2排放强度之间存在显著的长期负向关系，能源技术专利每增加 1%，CO_2排放强度下降 0.309%；以煤炭占能源消费量的比重所表征的能源消费结构与CO_2排放强度之间存在显著的长期正向关系；工业增加值占 GDP 的比重所表征的产业结构与CO_2排放强度之间存在长期的正向关系，但这一关系并不显著；能源强度与CO_2排放强度之间存在显著的长期正向关系。第二，从CO_2排放强度的方差分解分析结果来看，能源消费结构和能源技术专利对CO_2排放强度方差的贡献比较大，产业结构和能源强度对CO_2排放强度方差的贡献比较小。

6.5　本章小结

本章在对全国碳排放量、碳排放强度及我国能源技术专利现状分析的基础上，在 VAR/VECM 模型的框架内，运用平稳性检验协整检验、脉冲响应函数和方差分解分析方法，探讨多因素共同作用下能源技术创新与碳排放量、能源技术创新与碳排放强度的长期均衡和动态影响关系，得到以下结论。

(1)通过协整关系检验能够判断变量间是否存在长期均衡关系，研究结果表明：从能源技术创新与碳排放量的长期关系来看，人均 CO_2 排放量、能源技术专利、人均 GDP、能源消费结构、产业结构及能源价格之间存在着长期协整关系；从能源技术创新与碳排放强度的长期关系来看，CO_2排放强度、能源技术专利、能源消费结构、产业结构及能源强度之间存在着长期协整关系。具体来看，能源技术专利与人均CO_2排放量之间存在长期负向关系，但不显著；而能源技术专利与CO_2排放强度之间存在显著的长期负向关系，能源技术专利每增加 1%，CO_2排放强度下降 0.309%。工业增加值占 GDP 的比重所表征的产业结构与人均CO_2排放量和CO_2排放强度之间均存在正向关系，但这一关系不显著。以煤炭占能源消费量的比重所表征的能源消费结构与人均CO_2排放量及CO_2排放强度之间存在显著的长期正向关系。此外，人均 GDP 对人均CO_2排放量的影响是显著的，具有先负后正的关系，能源价格与人均CO_2排放量之间存在显著的负向关系。能源强度与CO_2排放强度之间存在显著的长期正向关系。

(2)脉冲响应函数和方差分解分析用以判断变量间的动态关系以及相互影响

程度。首先，从脉冲响应结果发现人均 CO_2 排放量与其相关影响因素、CO_2 排放强度与其相关影响因素间的内在关联是符合经济学常识的。其次，从方差分解分析的结果来看，相对其他影响因素，能源技术专利对人均 CO_2 排放量和 CO_2 排放强度方差的贡献都比较大，而产业结构对人均 CO_2 排放量和 CO_2 排放强度方差的贡献相对较小；能源消费结构对人均 CO_2 排放量方差的贡献比较小，但其对 CO_2 排放强度方差的贡献比较大。此外，人均 GDP 对人均 CO_2 排放方差的贡献比较大，能源价格对人均 CO_2 排放量方差的贡献比较小；能源强度对 CO_2 排放强度方差的贡献比较小。

第 7 章　能源技术创新对省际碳排放的影响

由于我国不同地区间经济发展水平差距较大，能源消费的种类和数量以及能源技术的发展水平也不同，这使不同地区的 CO_2 排放表现出明显差异。因此，本章在第 6 章研究全国能源技术创新与碳排放的长期均衡与动态关系的基础上，进一步探讨我国能源技术创新对省际 CO_2 排放的影响。考虑到不同能源技术的减排效果存在差异，将能源技术划分为化石能源技术和无碳能源技术两类。本章研究在考虑经济增长的情况下我国不同地区化石能源技术专利和 CO_2 排放之间、无碳能源技术专利和 CO_2 排放之间是否存在因果关系，从而进一步探讨不同地区间的化石与无碳能源技术创新在降低碳排放方面的差异。

7.1　省际碳排放量测算与比较

7.1.1　省际碳排放量测算

目前尚无官方或权威机构公布的中国各省(市)的 CO_2 排放数据，许多研究基于各省能源消费数据间接估算 CO_2 排放数据。在计算不同地区、各省市 CO_2 排放数据时，大多研究是基于不同种类能源的消费量和碳排放系数进行推算的[203]，研究结论的不同主要在于涉及的能源种类和数量不同和采用了不同研究机构的碳排放系数。本章在估算 CO_2 排放时参考了 Yi 等[203]的研究并进行了改进，根据 2006 年 IPCC 为《〈联合国气候变化框架公约〉京都议定书》所制定的国家温室气体清单指南第二卷(能源)提供的参考方法，CO_2 排放总量可以根据各种能源消费导致的 CO_2 排放估算量加和得到，具体公式如下。

$$C=\sum_{i=1}^{m}C_i=\sum_{i=1}^{m}E_i\times \mathrm{NCV}_i\times \mathrm{CF}_i \tag{7-1}$$

其中，C 代表估算的 CO_2 排放量；i 代表能源种类，这里包括 17 种能源类型：原煤、洗精煤、其他洗煤、型煤、焦炭、焦炉煤气、其他煤气、原油、汽油、煤油、柴油、燃料油、液化石油气、炼厂干气、天然气、其他石油制品、其他焦化产品，即 m 为 17；E_i 代表每种能源的消耗量，能源消费数据来自于历年《中国能源统计年鉴》各省能源平衡表；NCV_i 为 2009 年《中国能源统计年鉴》附录 4 中提供的中国上述能源的平均低位发热量(IPCC 也称其为净发热值)；CF_i 为《2006 年 IPCC 国家温室气体清单指南》中提供的每种能源 CO_2 排放系数，CO_2 排放系数指的是每种能源通过燃烧或使用产生的单位热值所对应的 CO_2 排放量，如表 7.1 所示。

表 7.1　各种能源二氧化碳排放因子系数

能源类型	kg CO_2/TJ	能源类型	kg CO_2/TJ
原煤	95 700.000	煤油	71 500.000
洗精煤	95 700.000	柴油	74 100.000
其他洗煤	95 700.000	燃料油	77 400.000
型煤	95 700.000	液化石油气	63 100.000
焦炭	107 000.000	炼厂干气	57 600.000
焦炉煤气	44 400.000	天然气	56 100.000
其他煤气	44 000.000	其他石油制品	73 300.000
原油	73 300.000	其他焦化产品	80 700.000
汽油	69 766.670		

资料来源：《2006 年 IPCC 国家温室气体清单指南》；Yi W J，Zou L L，Guo J，et al. How can China reach its CO_2 intensity reduction targets by 2020? A regional allocation based on equity and development. Energy Policy，2011，39：2407-2415

在根据能源消费计算碳排放量时应注意：这里仅考虑能源终端消费量(标准量)产生的碳排放，不计加工转换、运输和输配过程中损失能源的碳排放；由于中国发电和供热消费的能源以煤炭为主，其 CO_2 排放只按火力发电和供热投入的能源计算，不再计算能源终端消费部门热力和电力产生的碳排放。

基于式(7-1)估算各省市历年 CO_2 排放数据按如下步骤进行：首先根据每年各省市每种能源的能源消费量和平均低位发热值估算每种能源产生的热量；其次基于每种能源的热值和 CO_2 排放因子计算每种能源的 CO_2 排放量；最后，汇总每种能源的 CO_2 排放量，得到历年各省市的 CO_2 排放量。需要注意的是，由于在 1996 年以前，重庆市的能源消费包含在四川省内，为了准确反映各省市的 CO_2 排放量，本书选择了 1997～2010 年的数据进行研究。在估算了各省市历年 CO_2 排放量的基础上，可以直接估算不同地区的 CO_2 排放量。首先参照国家统计局对我国三大经济区域的划分[204]，本章将我国 30 个省(自治区、直辖市，不包括港澳台和西藏)分为东、中、西三大地区①。对历年各省市 CO_2 排放数据按东、中和西部地区进行汇总计算，即可得到历年各地区的 CO_2 排放量。

7.1.2 地区碳排放比较

由于我国不同地区经济发展水平不同，能源消费的种类和数量存在差异，这导致不同地区的 CO_2 排放量也存在差异。如图 7.1 所示，从不同地区 CO_2 排放量的变化情况来看，1997～2010 年东、中和西部地区 CO_2 排放量呈现持续增长趋势；尤其是在 2002～2010 年，CO_2 排放量明显地出现了快速增长的趋势，这与中国经济的快速增长和煤炭等化石能源消费的持续增加密切相关。但是，我们也注意到东部、中部、西部地区之间 CO_2 排放量增长存在明显差异，东部地区 CO_2 排放量增长明显高于中部地区，中部地区明显高于西部地区；尤其是从 2003 年以后，东部地区与中部、西部地区之间 CO_2 排放量的差距有扩大趋势，这与东部地区经济增长速度明显快于中部、西部地区是密切相关的。

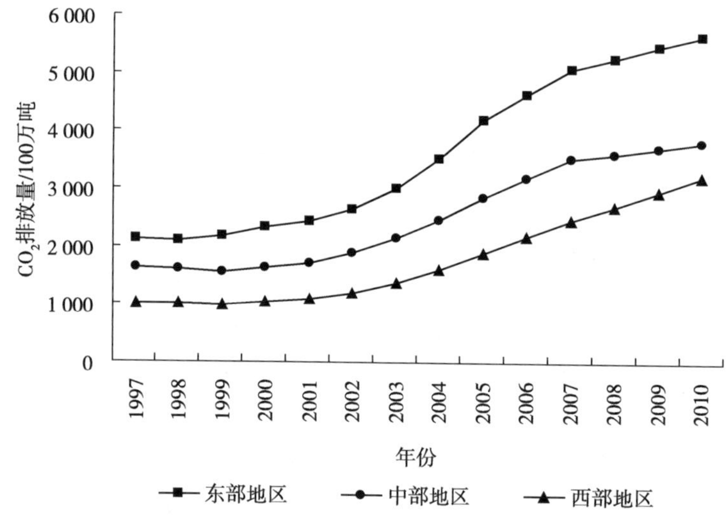

图 7.1 1997～2010 年东部、中部、西部地区 CO_2 排放量变化趋势

① 我国内地是指除香港、台湾、澳门以外的 31 个省(自治区、直辖市)，由于西藏 CO_2 排放的统计数据缺失，故不包括西藏。因此，本章共讨论我国 30 个省(自治区、直辖市，不包括港澳台和西藏)。东部地区包括 11 个省级行政区：分别是北京、天津、河北、辽宁、上海、江苏、浙江、福建、山东、广东、海南；中部地区包括 8 个省级行政区，分别是黑龙江、吉林、山西、安徽、江西、河南、湖北、湖南；西部地区包括 11 个省级行政区，分别是四川、重庆、贵州、云南、陕西、甘肃、青海、宁夏、新疆、广西、内蒙古。

7.1.3　省际碳排放比较

从各省(自治区、直辖市)平均 CO_2 排放量的变化情况来看，1997～2010 年，各省平均 CO_2 排放量都有不同程度的增加，如表 7.2～表 7.4 所示。在东部地区，山东平均 CO_2 排放量最大达到 63 256.2 万吨，河北平均 CO_2 排放量居第二达到 54 332.4 万吨，辽宁和江苏平均 CO_2 排放量达到 40 000 万吨以上，广东平均 CO_2 排放量超过 30 000 万吨，浙江和上海平均 CO_2 排放量超过 20 000 万吨，北京、天津、福建平均 CO_2 排放量达到 10 000 万吨以上，海南平均 CO_2 排放量最低达到 2 351.3 万吨。在中部地区，山西平均 CO_2 排放量最大达到 71 232.4 万吨，河南平均 CO_2 排放量居第二达到 40 869.3 万吨，黑龙江、安徽、湖北平均 CO_2 排放量达到 20 000 万吨以上，吉林、江西、湖南平均 CO_2 排放量达到 10 000万吨以上。在西部地区，内蒙古平均 CO_2 排放量最大达到 29 014.3 万吨，四川平均 CO_2 排放量居第二达到 22 757.3 万吨，贵州、云南、陕西、甘肃、新疆平均 CO_2 排放量达到 10 000 万吨以上，而重庆、青海、宁夏、广西平均 CO_2 排放量在 10 000 万吨以下。从以上分析可以看出，我国省域平均 CO_2 排放量存在比较大的差异，平均 CO_2 排放量比较大的省市主要集中在东、中部地区，这些省市既有能源生产大省，也有能源消耗大省，并且这些地区的经济发展水平比较高，表明了我国的经济增长方式依然是粗放型的。

表 7.2　1997～2010 年东部地区各省(自治区、直辖市)平均 CO_2 排放量及平均增长速度

省(自治区、直辖市)	平均值/100 万吨	平均增速/%	省(自治区、直辖市)	平均值/100 万吨	平均增速/%
北京	135.620	2.451	浙江	259.714	15.162
天津	123.851	7.322	福建	118.347	19.012
河北	543.324	13.462	山东	632.562	20.146
辽宁	506.131	7.273	广东	346.038	12.248
上海	240.435	5.235	海南	23.513	49.064
江苏	412.613	12.011			

表 7.3　1997～2010 年中部地区各省(自治区、直辖市)平均 CO_2 排放量及平均增长速度

省(自治区、直辖市)	平均值/100 万吨	平均增速/%	省(自治区、直辖市)	平均值/100 万吨	平均增速/%
吉林	180.571	6.711	江西	119.790	10.633
黑龙江	295.790	5.642	河南	408.693	17.442
山西	712.324	10.432	湖北	236.643	6.548
安徽	226.216	8.145	湖南	187.535	11.025

表 7.4 1997～2010 年西部地区各省(自治区、直辖市)平均 CO_2 排放量及平均增长速度

省(自治区、直辖市)	平均值/100 万吨	平均增速/%	省(自治区、直辖市)	平均值/100 万吨	平均增速/%
重庆	99.762	10.242	青海	24.913	16.953
四川	227.573	8.195	宁夏	84.844	24.084
贵州	180.783	9.293	新疆	149.765	10.573
云南	154.812	14.345	广西	94.412	13.126
陕西	169.735	14.087	内蒙古	290.143	25.862
甘肃	124.847	8.273			

从各省(自治区、直辖市)CO_2 排放量的平均增长速度来看，1997～2010 年，存在比较大的差异，如表 7.2～表 7.4 所示。CO_2 排放量的平均增长速度最大的省市是东部地区的海南(49.064%)；平均增速在 20%～30%的省(自治区)包括东部地区的山东(20.146%)、西部地区的宁夏(24.084%)和内蒙古(25.862%)；平均增速在 15%～20%的省市包括东部地区的福建(19.012%)和浙江(15.162%)、中部地区的河南(17.442%)、西部地区的青海(16.953%)；平均增速在 10%～15%的省(自治区、直辖市)包括东部地区的河北(13.462%)、江苏(12.011%)和广东(12.248%)、中部地区的山西(10.432%)、江西(10.633%)和湖南(11.025%)、西部地区的重庆(10.242%)、云南(14.345%)、陕西(14.087%)、广西(13.126%)和新疆(10.573%)；其他省(直辖市)平均增速均在 10%以下，增速最低的是北京(2.451%)。从以上分析可知，CO_2 排放量平均增长速度较低的省份大多集中在东部和中部地区，而西部地区增速相对较快，其原因可能在于东、中部地区化石能源技术和无碳能源技术水平高于西部地区，这些能源技术在降低 CO_2 排放方面发挥了作用。

7.2 化石能源与无碳能源技术专利界定及现状

7.2.1 化石能源与无碳能源技术专利的界定

能源包括煤炭、原油、天然气、水能、核能、风能、太阳能、地热能、生物质能等一次能源和电力、热力、成品油等二次能源，以及其他新能源和可再生能源。传统的煤炭、石油、天然气等化石能源会新增大量温室气体，特别是煤炭的使用带来大量的 CO_2 和烟尘排放。技术进步是降低碳排放、提高能源使用效率的关键手段，在开发的各种能源技术中，有些能源技术的节能减排效果明显，而有些能源技术的节能减排效果不明显。

学者们研究证实了风能、核能等无碳能源技术比燃气和燃煤等化石能源技术有更好的减排效果，认为化石能源技术(如燃气和煤电厂技术)进步对降低CO_2排放的作用是有限的，相比之下，核能和可再生能源技术是典型的低碳或无碳技术[150，151]。Chen等[150]研究了各种低碳技术对降低碳排放的贡献，发现风能和核能是最好的减排技术，减排率几乎达到100%；CCS也有比较好的减排效果，减排率大约在64%～81%；SC、USC和IGCC技术是比较有前景的高效煤炭生产技术，它们在一定程度上能够降低CO_2排放强度，SC技术的减排率稳定在15%，USC技术的减排率在20%～25%浮动，IGCC技术的减排率则在18%～34%。Gnansounou等[151]研究了上海发电系统为降低CO_2排放面临的战略技术选择，发现CCPP的最大减排潜力能够达到4 240万吨，核能发电厂的减排潜力达到29 820万吨，然而采用煤炭和天然气CCPP技术相结合的电厂的减排潜力则很小，仅仅达到40万吨。Luthi和Prassler[9]认为如果水电技术和新的可再生能源技术得到开发并进入电力行业，以燃烧化石燃料为主的电厂会受影响，政府和企业将减少对其投资。

基于不同类型能源技术节能减排效果的不同，本书将能源技术分为两类，一类是化石能源技术，另一类是无碳能源技术。本书中能源技术既包括能源生产部门的能源技术创新，也包括能源使用部门的能源技术创新[205]。在参考了能源技术领域关于如何设计和检索与节能减排相关的专利的大量文献之后[15，16，57，67]，本书选取了一系列能源技术领域，并从这些能源技术领域中选择有助于促进节能减排的能源技术作为检索能源技术专利的依据。如表7.5所示，化石能源技术①包括以下领域：煤、石油、汽油、柴油、天然气、液化石油气、金属焊割气领域与节能减排相关的技术；冶金、建筑、水泥、化工、供热、热交换、发电厂和家庭领域与节能减排技术相关的炉具；节电设备和技术、电动汽车、发电机、内燃机、发动机、涡轮、燃油喷射、节能照明、CCS。无碳能源技术②包括以下领域：太阳能、风能、海洋能、地热能、水力发电、核能、生物质能和废弃物、合成气体、氢燃料、生物甲烷、生物柴油、乙醇。

表7.5　化石能源技术和无碳能源技术涉及技术领域

类型	技术领域
化石能源技术	煤、石油、汽油、柴油、天然气、液化石油气、金属焊割气领域与节能减排相关的技术；冶金、建筑、水泥、化工、供热、热交换、发电厂和家庭领域与节能减排技术相关的炉具；节电设备和技术、电动汽车、发电机、内燃机、发动机、涡轮、燃油喷射、节能照明、CCS
无碳能源技术	太阳能、风能、海洋能、地热能、水力发电、核能、生物质能和废弃物、合成气体、氢燃料、生物甲烷、生物柴油、乙醇

① 资料来源：http://www.51patent.net/patent/8/。

② 资料来源：http://carbonfreeenergy.com/。

相应地，按照上述能源技术的分类将能源技术专利分为化石能源技术专利和无碳能源技术专利[15, 16, 57]。根据 4.3.1 小节选取能源技术专利的原则和方法，按照表 7.5 对能源技术的分类，确定无碳能源技术专利和化石能源技术专利数据，共检索出的 1985～2010 年与节能减排相关的化石能源技术专利数据约为 5.2 万条，无碳能源技术专利数据约为 4.0 万条。然后，对这两类数据按照年份、省市进行分类，分别得到我国 30 个省(自治区、直辖市，不包括港澳台和西藏)1996～2010 年的无碳能源技术专利数据和化石能源技术专利数据。在此基础上，按照我国东部、中部、西部地区的划分，分别计算不同地区两类能源技术专利的数量。

7.2.2 化石能源技术专利现状

近二十年来，我国能源技术专利保持快速增长趋势。如表 7.6 和表 7.7 所示，全国化石能源技术专利 2010 年比 1996 年增长了 273.415%，但低于全国全部能源技术专利的增长水平。从不同地区化石能源技术专利申请量的变化情况来看，均出现了增长的趋势，但不同地区间有比较大的差异。东部地区化石能源技术专利申请量增长率最快，2010 年比 1996 年增长了 346.462%；中部地区化石能源技术专利申请量增长率次之，2010 年比 1996 年增长了 215.555%；西部地区化石能源技术专利申请量增长率最慢，2010 年比 1996 年增长了 160.317%。这充分说明了东部地区化石能源技术发展水平高于中部地区，而中部地区高于西部地区。同时，我们也注意到东部、中部、西部地区的化石能源技术专利增长率均低于相应地区全部能源技术专利申请量的增长率。这说明不同地区间在注重通过开发化石能源技术降低碳排放、提高能源利用效率的同时，更关注其他能源技术的开发和利用，如太阳能、风能、水电等无碳能源技术。

表 7.6　1997～2010 年全国及东部、中部、西部地区全部能源技术专利申请量增长率(单位:%)

年份	全国	东部地区	中部地区	西部地区
1997	4.272	7.243	10.220	0.332
1998	25.389	36.312	20.689	10.123
1999	30.962	41.058	29.842	24.431
2000	58.333	76.812	45.743	43.324
2001	66.631	93.096	47.044	29.636
2002	88.612	123.982	72.581	48.532
2003	105.691	155.324	75.542	38.110

续表

年份	全国	东部地区	中部地区	西部地区
2004	118.391	182.242	91.670	51.141
2005	167.060	247.513	122.310	95.770
2006	292.264	418.782	218.012	175.240
2007	354.368	530.878	250.267	166.452
2008	503.891	771.043	323.921	248.534
2009	641.022	862.772	443.820	317.262
2010	610.704	830.420	400.000	308.471

注：与1996年相比

资料来源：国家知识产权局，http://www.sipo.gov.cn/

表7.7 1997～2010年全国及东部、中部、西部地区化石能源技术专利申请量增长率(单位:%)

年份	全国	东部地区	中部地区	西部地区
1997	4.472	2.923	12.500	－1.984
1998	21.789	28.000	18.598	9.921
1999	20.976	24.000	22.256	11.508
2000	47.561	58.615	44.207	23.413
2001	44.715	63.385	31.098	14.286
2002	54.309	68.462	46.46	27.778
2003	62.927	89.231	49.390	12.698
2004	67.561	91.846	54.878	21.429
2005	98.130	126.462	71.341	59.921
2006	169.106	216.000	131.110	97.619
2007	190.569	244.923	148.780	104.762
2008	285.610	376.615	203.963	157.143
2009	313.171	404.922	239.329	172.619
2010	273.415	346.462	215.555	160.317

注：与1996年相比

资料来源：国家知识产权局，http://www.sipo.gov.cn/

从我国不同省市的化石能源技术专利年均申请量变化情况来看，均处于持续增长的趋势。如表7.8所示，化石能源技术专利申请量比较多的省市主要集中在东部地区，总体来看，这些地区经济发展水平和技术发展水平都比较高，相对于中部、西部地区而言，能够更加容易地进行化石能源技术的R&D。从1996～2010年各省市化石能源技术专利年均申请量来看，山东、广东、北京、江苏最多，年均申请量超过了 200 件；其次是辽宁、浙江、上海、河北、河南、黑龙江、湖南，年均申请量超过了 100 件；而青海、宁夏、海南最少，年均申请量低于 10 件。

表 7.8　1996～2010 年各省(自治区、直辖市)化石能源技术专利年均申请量(单位：件)

省(自治区、直辖市)	年均申请量	省(自治区、直辖市)	年均申请量	省(自治区、直辖市)	年均申请量	省(自治区、直辖市)	年均申请量
北京	208	山东	266	河南	112	陕西	52
天津	53	广东	236	湖北	76	甘肃	19
河北	112	海南	2	湖南	105	青海	5
辽宁	178	吉林	68	广西	40	宁夏	7
上海	111	黑龙江	103	重庆	62	新疆	39
江苏	202	山西	55	四川	70	内蒙古	36
浙江	174	安徽	66	贵州	36		
福建	37	江西	25	云南	32		

资料来源：国家知识产权局，http://www.sipo.gov.cn/

7.2.3　无碳能源技术专利现状

我国政府在注重发展化石能源技术的同时，也积极制定政策推动无碳能源技术的发展。近二十年来，我国在太阳能、风能、核电、生物质能等无碳能源方面取得了大量的能源技术专利成果。如表 7.9 所示，1997～2010 年我国无碳能源技术专利申请量呈现持续增长趋势，2010 年比 1996 年增长了 2 430.263%。如表 7.6 和表 7.9 所示，从全国来看，无碳能源技术专利申请量的增长率明显高于全部能源技术专利申请量的增长率，这充分说明了国家对发展无碳能源技术的重视。从不同地区无碳能源技术专利申请量的变化情况来看，总体呈现了增长的趋势，并且均高于该地区全部能源技术专利申请量的增长率，但不同地区间有比较大的差异。东部地区无碳能源技术专利申请量增长率最快，2010 年比 1996 年增长了 3 268.992%；中部地区次之，2010 年比 1996 年增长了 1 775.000%，但中部地区的增长速度低于全国无碳能源技术专利申请量增长率；西部地区增长最慢，2010 年比 1996 年增长了 987.273%。这充分说明了东部地区无碳能源技术发展水平高于中部地区，中部地区高于西部地区。

表 7.9　1997～2010 年全国及东部、中部、西部地区无碳能源技术专利申请量增长率(单位：%)

年份	全国	东部地区	中部地区	西部地区
1997	11.842	18.605	−6.818	10.909
1998	46.930	65.891	36.364	10.909

续表

年份	全国	东部地区	中部地区	西部地区
1999	94.298	101.550	86.364	83.636
2000	123.246	141.085	56.818	134.545
2001	180.702	220.155	165.909	100.000
2002	296.491	372.093	265.909	143.636
2003	353.509	466.667	270.455	154.545
2004	426.754	549.612	365.909	187.273
2005	560.526	708.527	502.273	260.000
2006	980.702	1 211.628	865.909	530.909
2007	1 250.000	1 674.419	1 006.818	449.091
2008	1 664.035	2 241.085	1 218.182	667.273
2009	2 409.6495	3 169.767	1 968.182	980.000
2010	2 430.263	3 268.992	1 775.000	987.273

注：与 1996 年相比

资料来源：国家知识产权局，http://www.sipo.gov.cn/

从各省市无碳能源技术专利申请量的变化情况来看，1996～2010 年均呈现持续增长趋势。如表 7.10 所示，无碳能源技术专利申请量比较多的省市主要集中在东部地区，一方面跟这些地区的经济发展水平较高有关；另一方面，这些地区具备发展风能、核能、水电等无碳能源的地理优势。从 1996～2010 年各省市无碳能源技术专利年均申请量来看，北京、江苏、山东最多，年均申请量超过了 200 件；其次是上海、浙江、广东，年均申请量超过了 100 件；海南、青海、宁夏最少，年均申请量低于 10 件。从各省市的无碳能源技术专利年均申请量增长量来看，1996～2010 年增长最快的省份包括北京、上海、江苏、浙江、山东、广东。

表 7.10　1996～2010 年各省(自治区、直辖市)无碳能源技术专利年均申请量(单位：件)

省(自治区、直辖市)	年均申请量	省(自治区、直辖市)	年均申请量	省(自治区、直辖市)	年均申请量	省(自治区、直辖市)	年均申请量
北京	209	山东	220	河南	54	陕西	29
天津	34	广东	145	湖北	54	甘肃	15
河北	59	海南	4	湖南	30	青海	5
辽宁	87	吉林	21	广西	19	宁夏	4
上海	141	黑龙江	47	重庆	17	新疆	15
江苏	276	山西	19	四川	41	内蒙古	23
浙江	141	安徽	54	贵州	10		
福建	36	江西	16	云南	49		

资料来源：国家知识产权局，http://www.sipo.gov.cn/

无碳能源技术专利增长率快于化石能源技术专利增长率，如表 7.7 和表 7.9 所示。从全国来看，无碳能源技术专利申请量的增长率明显高于化石能源技术专利申请量的增长率。从不同地区间两类能源技术专利申请量的增长率来看，也存在比较大的差异。东部、中部、西部地区的无碳能源技术专利申请量增长率明显高于相应地区化石能源技术专利的增长率，而且，无碳能源技术专利申请量增长率最慢的西部地区仍然高于化石能源技术专利申请量增长率最快的东部地区。这充分说明了国家更加关注太阳能、风能、水电等无碳能源技术在提高能源效率、降低碳排放方面的作用。从能源技术专利申请量的绝对数量来看，仅在 2006～2010 年，北京、上海、江苏、福建、云南、甘肃、青海等省市无碳能源技术专利申请量高于化石能源技术专利申请量；而在 1996～2010 年，大多数省市无碳能源技术专利申请量少于化石能源技术专利的申请量，说明了我国无碳能源技术虽然发展速度很快，但仍处于初级发展阶段。

7.3 模型设定

面板数据是把截面数据和时间序列数据融合在一起的数据，利用了更多的数据信息，提高了自由度和有效性，能得到更有效和更可靠的参数估计量[206]。面板数据能够更好地检测和度量单纯使用截面数据或时间序列数据无法观测到的影响，而动态面板数据模型特别适用于揭示不同横截面单元的异质性和动态效应。综合现有研究发现，目前利用动态面板数据模型对技术创新与碳排放关系研究的文献还很少，尤其是基于能源技术专利角度的研究更少。本章拟运用动态面板数据方法，研究在考虑经济增长的情况下我国不同地区化石能源技术专利、无碳能源技术专利对 CO_2 排放的影响差异。首先，运用面板单位根检验确定数据序列是否稳定；其次，运用面板协整检验判断序列之间是否存在长期均衡关系；最后，运用动态面板估计方法研究变量序列间的因果关系方向。

本章涉及的变量包括 CO_2 排放量、能源技术专利和国内生产总值（GDP），1997～2010 年我国 30 个省市（西藏自治区、台湾、香港和澳门特别行政区不包括在分析范围之内）的数据。其中 GDP 数据均以 1990 年不变价格折算，数据均来源于历年《中国统计年鉴》。数据经对数变换后可避免数据的剧烈波动，消除可能存在的异方差，同时不影响变量间的长期稳定关系。因此，将变量进行了对数化处理。对数化处理后的变量含义如下：LEMS 指代 CO_2 排放量的对数，LETP 指代能源技术专利的对数，LGDP 指代 GDP 的对数。

7.3.1 面板单位根检验

面板数据的单位根检验方法是对时间序列单位根检验的发展，主要判定面板数据的稳定性问题。在面板数据的分析中，如果非平稳的面板数据对另一非平稳的面板数据进行回归容易产生伪回归问题，所以应先检验面板数据的稳定性，也就是要先进行面板数据的单位根检验。面板数据的单位根检验方法有两类：一类是相同根情形下的单位根检验，主要有 LLC 检验、Hadri 检验和 Breitung 检验；另一类是不同根情形下的单位根检验，主要有 IPS 检验、Fisher-PP 检验和 Fisher-ADF 检验。为克服选择单一方法进行检验所带来的偏差，同时采用 LLC、IPS 两种方法分别对 LETP、LEMS 和 LGDP 进行面板单位根检验。

7.3.2　面板协整检验

如果面板数据非平稳并且各序列同阶单整，则可以进行面板协整检验，依据协整检验结果来判断序列间是否存在长期均衡关系。根据能源技术专利、CO_2排放量和 GDP 的数据特征，选取变系数面板数据方程进行协整回归。

$$\mathrm{LETP}_{it}=\alpha_i+\boldsymbol{\beta}_1\mathrm{LEMS}_{it}+\boldsymbol{\beta}_2\mathrm{LGDP}_{it}+u_{it},\quad i=1,2,\cdots,N;\ t=1,2,\cdots,T \tag{7-2}$$

其中，参数 α_i 表示第 i 个省市的截距项；$\boldsymbol{\beta}_1$ 和 $\boldsymbol{\beta}_2$ 分别为对应于解释变量 LEMS_{it}和 LGDP_{it}的系数向量；随机误差项 u_{it} 相互独立，且满足零均值、等方差的假设。

面板数据的协整检验方法分为两类：一类由 EG(Engle-Granger)两步法推广而成，从面板数据模型中得到残差构造统计量进行检验，如 Pedroni 和 Kao 协整检验法；另一类由 Johansen[207] 迹统计量推广而成，基于模型回归系数进行检验，如 Fisher 协整检验法。在进行面板数据协整检验时，Pedroni 提出了两种检验方法：一是用联合组内尺度来描述，包括 Panel v、Panel ρ、Panel PP、Panel ADF 四个统计量；二是用组间来描述，包括了 Group、Group PP、Group ADF 三个统计量。Johansen 协整检验包括特征根迹检验统计量和最大特征值(maximum eigenvalue)检验统计量，这两种检验统计量都是通过使用矩阵 $\boldsymbol{\Pi}$ 的特征根构造得到的。为避免单一检验方法带来的偏差，选择了 Pedroni 和 Johansen 两种方法对 LETP、LEMS 和 LGDP 进行面板协整检验。

7.3.3　面板因果检验

如果 LEPT、LEMS 和 LGDP 之间存在协整关系，就可以进一步构建 VECM 对 LEPT、LEMS 和 LGDP 间的因果关系进行检验。为了检验能源技术专利和 CO_2 排放之间是否存在因果关系，首先建立如下面板 VAR 模型，式(7-3a)、式(7-3b)、式(7-3c)如下：

$$\begin{aligned}\mathrm{LETP}_{it} = \alpha_1 &+ \sum_{j=1}^{m+1}\beta_{1j}\mathrm{LETP}_{i,\ t-j} + \sum_{j=1}^{m+1}\gamma_{1j}\mathrm{LEMS}_{i,\ t-j} \\ &+ \sum_{j=1}^{m+1}\sigma_{1j}\mathrm{LGDP}_{i,\ t-j} + \eta_{1i} + u_{1it}\end{aligned} \tag{7-3a}$$

$$\begin{aligned}\mathrm{LEMS}_{it} = \alpha_2 &+ \sum_{j=1}^{m+1}\beta_{2j}\mathrm{LETP}_{i,\ t-j} + \sum_{j=1}^{m+1}\gamma_{2j}\mathrm{LEMS}_{i,\ t-j} \\ &+ \sum_{j=1}^{m+1}\sigma_{2j}\mathrm{LGDP}_{i,\ t-j} + \eta_{2i} + u_{2it}\end{aligned} \tag{7-3b}$$

$$\begin{aligned}\mathrm{LGDP}_{it} = \alpha_3 &+ \sum_{j=1}^{m+1}\beta_{3j}\mathrm{LETP}_{i,\ t-j} + \sum_{j=1}^{m+1}\gamma_{3j}\mathrm{LEMS}_{i,\ t-j} \\ &+ \sum_{j=1}^{m+1}\sigma_{3j}\mathrm{LGDP}_{i,\ t-j} + \eta_{3i} + u_{3it}\end{aligned} \tag{7-3c}$$

其中，参数 η_{1i}、η_{2i} 和 η_{3i} 表示第 i 个省市的随机影响；u_{1it}、u_{2it} 和 u_{3it} 表示随机扰动项。

在式(7-3a)、式(7-3b)和式(7-3c)中，由于滞后因变量和个体的随机影响可能相关，运用 OLS 法会导致估计有偏差。为了避免偏差的发生，需要对上述方程进行一阶差分，但在一阶差分过程中数据所包含的长期调整信息可能被漏掉，因此可采用 VAR 模型表示变量间的短期关系。按照 Engle-Granger 理论，只要变量之间存在协整关系，可以由 VAR 模型导出 VECM。VECM 的核心思想是变量中某一时期出现的非均衡将在下一期予以修正，并且可以同时识别变量间的长期和短期关系。因此，考虑建立基于面板的 VECM，式(7-4a)、式(7-4b)和式(7-4c)如下：

$$\begin{aligned}\mathrm{LETP}_{it} = &\sum_{j=1}^{m}\beta_{1j}\Delta\mathrm{LETP}_{i,\ t-j} + \sum_{j=1}^{m}\gamma_{1j}\Delta\mathrm{LEMS}_{i,\ t-j} \\ &+ \sum_{j=1}^{m}\sigma_{1j}\Delta\mathrm{LGDP}_{i,\ t-j} + \lambda_1\mathrm{ECT}_{i,\ t-1} + \Delta u_{1it}\end{aligned} \tag{7-4a}$$

$$\begin{aligned}\mathrm{LEMS}_{it} = &\sum_{j=1}^{m}\beta_{2j}\Delta\mathrm{LETP}_{i,\ t-j} + \sum_{j=1}^{m}\gamma_{2j}\Delta\mathrm{LEMS}_{i,\ t-j} \\ &+ \sum_{j=1}^{m}\sigma_{2j}\Delta\mathrm{LGDP}_{i,\ t-j} + \lambda_2\mathrm{ECT}_{i,\ t-1} + \Delta u_{2it}\end{aligned} \tag{7-4b}$$

$$\begin{aligned}\mathrm{LGDP}_{it} = &\sum_{j=1}^{m}\beta_{3j}\Delta\mathrm{LETP}_{i,\ t-j} + \sum_{j=1}^{m}\gamma_{3j}\Delta\mathrm{LEMS}_{i,\ t-j} \\ &+ \sum_{j=1}^{m}\sigma_{3j}\Delta\mathrm{LGDP}_{i,\ t-j} + \lambda_3\mathrm{ECT}_{i,\ t-1} + \Delta u_{3it}\end{aligned} \tag{7-4c}$$

其中，ECT(error correction term)为从协整式(7-2)估计的残差获得的误差修正项，反映变量之间的长期均衡关系。误差修正项的系数反映了变量之间偏离长期均衡状态时，将其调整到均衡状态的调整速度。所有作为解释变量的差分项的系数反映各变量的短期波动对作为被解释变量的短期变化的影响，可以剔除其中统计不显著的滞后差分项。

在式(7-4a)、式(7-4b)和式(7-4c)右边的解释变量包含了滞后被解释变量，从而使解释变量可能与随机扰动项相关，从而产生内生性问题，这时 OLS 估计将是有偏的和不一致的。为解决此问题，Arellano 和 Bond[208]提出了一阶差分广义矩估计(differenced generalized method of moments，DIF-GMM)方法，在式(7-4a)、式(7-4b)和式(7-4c)中使用滞后因变量水平值作为一阶差分工具变量，只有在随机误差项 u_{1it}、u_{2it}和 u_{3it}不存在序列自相关的情况下工具变量才是有效的。Blundell 和 Bond[209]指出 DIF-GMM 估计方法容易受到弱工具变量的影响而得到有偏的估计结果，提出了系统广义矩估计(System-GMM)，该方法由于利用了更多的样本信息，在一般情况下比差分广义矩估计更有效。在计算过程中尝试用 System-GMM 进行估计但效果不理想。因此运用 Arellano 和 Bond[208]提出的一阶差分广义矩估计方法，对式(7-4a)、式(7-4b)和式(7-4c)采用稳健一步估计方法，该方法渐进误差较小，比二步估计法更为可靠。滞后阶数 m_j 的选取应使所有有效工具变量都能避免残差自相关问题，模型估计通过 AR 检验来考察随机误差项是否序列相关，通常进行一阶和二阶序列相关(AR(1)，AR(2))检验，应该拒绝一阶序列相关存在的零假设，而不能拒绝二阶序列相关的存在。根据 Sargan 统计量进行过度识别约束检验，判断工具变量的有效性。

接下来，检验面板 VECM 中因变量系数的显著性识别不同变量间的因果关系。通过检验以下三个假设识别短期因果关系。

(1) H_0：$\gamma_{1j}=0$，$\forall j=1, \cdots, m$ 和 H_0：$\delta_{1j}=0$，$\forall j=1, \cdots, m$ 在式(7-4a)中。

(2) H_0：$\gamma_{2j}=0$，$\forall j=1, \cdots, m$ 和 H_0：$\delta_{2j}=0$，$\forall j=1, \cdots, m$ 在式(7-4b)中。

(3) H_0：$\gamma_{3j}=0$，$\forall j=1, \cdots, m$ 和 H_0：$\delta_{3j}=0$，$\forall j=1, \cdots, m$ 在式(7-4c)中。

然后，通过检验 ECT 系数的显著性检验确定变量间是否存在长期均衡关系。最后，运用面板数据 Wald 检验确定变量间短期因果关系的方向。

7.4 实证分析

基于 1997～2010 年我国 30 个省市的面板数据，在上述研究方法和模型框架内，探讨化石能源技术专利与碳排放、无碳能源技术专利与碳排放之间是否存在长期均衡关系和短期因果关系，并研究两类能源技术专利在不同地区间影响碳排放的差异。

7.4.1　面板单位根检验结果

首先，对 LETP(LETP 基于化石能源技术专利和无碳能源技术专利两种情况进行分析)、LEMS、LGDP 进行面板单位根检验，以判断变量序列是否平稳。检验结果如表 7.11 所示，在全国、东部、中部、西部地区，所有变量水平值的 LLC 和 IPS 检验统计量表明，LETP、LEMS 和 LGDP 在 1%、5%或 10%的显著性水平上都没有拒绝存在单位根的零假设，说明这些序列的水平值是非平稳的。但是 LETP(包括化石 LETP 和无碳 LETP)、LEMS 和 LGDP 的一阶差分值经过以上两种方法检验后，所有检验统计量在 1%或 10%的显著性水平上拒绝存在单位根的零假设，说明 LETP(包括化石 LETP 和无碳 LETP)、LEMS 和 LGDP 都是一阶单整的。

表 7.11　面板单位根检验结果

变量	全国		东部地区		中部地区		西部地区	
	LLC	IPS	LLC	IPS	LLC	IPS	LLC	IPS
化石 LETP	3.860	4.273	4.923	4.751	0.201	1.920	−0.740	0.660
无碳 LETP	−1.381	2.672	0.509	3.510	−1.171	1.672	−3.900	−0.600
LEMS	3.042	7.982	−0.511	3.470	3.277	4.761	3.161	5.651
LGDP	17.101	18.587	9.378	10.314	7.281	7.891	13.052	13.641
化石 ΔLETP	−18.231***	−13.090***	−9.842***	−6.843***	−9.889***	−6.310***	−11.691***	−9.343***
无碳 ΔLETP	−25.042***	327.940***	−16.572***	−10.741***	−12.813***	−10.052***	−13.870***	−9.882***
ΔLEMS	−7.140***	−3.960***	−5.189***	−3.821***	−3.110***	−1.293*	−4.061***	−1.632*
ΔLGDP	−6.710***	−3.711***	−6.090***	−3.362***	−2.971***	−2.482***	−10.492***	−4.740***

***、*分别表示在 1%、10%的显著性水平上拒绝零假设

7.4.2　面板协整检验结果

序列 LETP(包括化石 LETP 和无碳 LETP)、LEMS 和 LGDP 都是一阶单整的，因此能够对上述序列做协整检验。通过选择 Pedroni 和 Fisher 面板协整检验方法，判断 LETP(包括化石 LETP 和无碳 LETP)、LEMS 和 LGDP 之间是否存在长期均衡关系。面板协整检验结果如表 7.12 所示。首先，检验化石 LETP、LEMS 和 LGDP 之间是否存在长期均衡关系，Panel PP、Panel ADF、Group PP、Fisher(trace test)、Fisher(max-eigen test)在 1%或 10%的显著性水平上拒绝不存在

协整关系的零假设。结果表明，在全国、东部、中部和西部地区化石 LETP、LEMS 和 LGDP 是协整序列，三个变量序列之间存在长期均衡关系。其次，检验无碳 LETP、LEMS 和 LGDP 之间是否存在长期均衡关系，Panel PP、Panel ADF、Group PP、Fisher(trace test)、Fisher(max-eigen test)在 1%的显著性水平上拒绝不存在协整关系的零假设。结果表明，在全国、东部、中部和西部地区无碳 LETP、LEMS 和 LGDP 是协整序列，三个变量序列之间存在长期均衡关系。

表 7.12　面板协整检验结果

检验方法	化石能源技术				无碳能源技术			
	全国	东部	中部	西部	全国	东部	中部	西部
Panel PP	−6.153***	−4.364***	−1.827***	−3.642***	−9.788***	−6.527***	−5.533***	−5.295***
Panel ADF	2.198***	−1.492c	−1.692***	−1.279***	−7.674***	−3.675***	−4.407***	−5.062***
Group PP	−10.245***	−6.349***	−5.004***	−6.264***	−15.103***	−8.672***	−5.004***	−7.889***
Fisher (trace test)	116.100***	48.010***	51.150***	49.990***	132.500***	73.070***	82.740***	73.100***
Fisher(max-eigen test)	116.100***	40.731***	44.670***	49.990***	132.500***	65.370***	81.240***	73.100***

***、* 分别表示在 1%、10%的显著性水平上拒绝不存在协整的零假设

7.4.3　化石能源技术面板因果检验结果

因果检验的前提是变量协整，由于化石 LETP、LEMS 和 LGDP 之间存在协整关系，因而可以检验序列间是否存在因果关系。运用 DIF-GMM 对 VECM 中式(7-4a)、式(7-4b)、式(7-4c)进行估计。表 7.13 展示了全国及东部、中部、西部地区化石能源技术的 DIF-GMM 系数估计值、Sargan 检验结果、m_1和 m_2统计量。结果表明，式(7-4a)、式(7-4b)、式(7-4c)中选择一阶或二阶滞后可使随机扰动项不相关。m_1和 m_2代表 AR(1)和 AR(2)的检验统计量，从表 7.13 可以看出，一阶差分残差项均表现出一阶序列负相关，二阶序列不相关，并且所有 Sargan 统计量没有拒绝工具变量的有效性。

表 7.13　化石能源技术 DIF-GMM 估计值[d]

自变量	因变量($\Delta LEMS_{it}$)			
	全国	东部地区	中部地区	西部地区
$\Delta LETP_{i,t-1}$	−1.800*	−1.930*	−1.549	−0.690
$\Delta LETP_{i,t-2}$	−2.851*	−2.260*	−0.400	−0.887
$\Delta LEMS_{i,t-1}$	−1.182	0.554	2.600***	0.679
$\Delta LEMS_{i,t-2}$	−1.220	1.523	1.800*	0.632
$\Delta LGDP_{i,t-1}$	−1.873*	−1.972*	−1.651*	−2.150*

续表

自变量	因变量（$\Delta LEMS_{it}$）			
	全国	东部地区	中部地区	西部地区
$\Delta LGDP_{i,t-2}$	−0.541	0.495	−0.280	−2.441*
$ECT_{i,t-1}$	−3.332***	−1.660*	−2.330*	−2.900***
Sargan	114.642	96.071	45.32	84.560
m_1	−2.110*	−1.891*	−2.059*	−1.772*
m_2	−1.071	−1.532	1.031	−1.631

***、*分别表示在1%、10%显著性水平上拒绝零假设

注：d表示除了Sargan检验基于一步GMM法，其他所有检验均采用稳健一步GMM方法

表7.14展示了化石能源技术Wald检验统计量结果，用于判断变量间因果关系的方向。第一，探讨化石LETP和LEMS之间的短期因果关系。一方面，从化石LETP到LEMS在全国和东部地区在10%显著性水平存在正向关系，表明我国化石能源技术专利的增加没有降低CO_2排放，本书的这一发现与Hu和Huang[210]的结论一致。其主要原因可能在于，公司采用先进的化石燃料技术往往会产生正的外部性，导致采用新技术的成本和风险较高，私人公司不愿意投资于不确定回报的先进化石能源技术[17]。因此，现有先进燃气和燃煤等化石能源技术难以被电厂等企业广泛采用，加上化石能源技术本身减排效果的局限性，导致化石能源技术对降低CO_2排放的作用难以得到发挥[150, 151]。此外，使用高效节能的化石能源技术可能产生反弹效应，在某种程度上会导致CO_2排放再度增加[211]。另一方面，从LEMS到化石LETP在全国和东部地区在1%的显著性水平存在正向关系，表明CO_2排放的增加推动了化石能源技术专利的发展。原因在于我国东部地区经济和技术发展相对较快，化石能源主导的能源消费结构导致了大量CO_2排放的产生，而短期内能源消费结构难以改变，因此，发展高效节能的化石能源技术成为必然选择。

表7.14 化石能源技术面板因果检验统计值

地区	因变量	自变量			
		短期			长期
		ΔLETP	ΔLEMS	ΔLGDP	ECT
全国	ΔLETP		0.467***	0.064	0.891***
	ΔLEMS	0.018*		0.187***	0.600***
	ΔLGDP	0.014	0.573***		0.844***

续表

地区	因变量	自变量			
		短期			长期
		ΔLETP	ΔLEMS	ΔLGDP	ECT
东部地区	ΔLETP		1.342***	−0.110	1.015***
	ΔLEMS	0.024*		0.179***	0.533***
	ΔLGDP	−0.024	0.563***		0.908***
中部地区	ΔLETP		0.028	0.073	0.642***
	ΔLEMS	0.017		0.099*	0.531***
	ΔLGDP	0.023	0.818***		1.025***
西部地区	ΔLETP		0.129	0.814***	0.908***
	ΔLEMS	0.006		0.419***	0.721***
	ΔLGDP	0.047*	0.418***		0.513***

***、* 分别表示在 1%、10%显著水平下拒绝没有因果关系的零假设

短期内在中部和西部地区 LETP 和 LEMS 之间存在双向正向关系，但均不显著。这一方面意味着 CO_2 排放量的增加没有显著地推动化石能源技术专利的增长，原因可能在于中部、西部地区基础设施薄弱、能源技术 R&D 投入不足，这阻碍了高效化石能源技术的消化和吸收[155]；另一方面，化石能源技术专利没有起到降低碳排放的作用，这与中部、西部地区能源效率低下和专利成果转化率较低密切相关。

第二，探讨 LEMS 和 LGDP 之间、LETP 和 LGDP 之间的短期因果关系。从全国和东部、中部、西部地区来看，从 LEMS 到 LGDP 在 1%显著性水平存在正向关系，主要原因在于 CO_2 排放是化石能源消耗的主要产物，而我国经济增长过程中主要消耗化石能源；从 LGDP 到 LEMS 在 1%或 10%显著性水平存在正向关系，表明 GDP 总量越大，CO_2 排放越多，我国以煤炭为主导的能源消费结构更加剧了这种形势。西部地区 LETP 和 LGDP 之间在 1%或 10%显著性水平存在正向双向关系，但这一关系在全国和东、中部地区不显著。

第三，ECT 用来判断变量间是否存在长期因果关系，由于 ECT 系数在 1%的显著性水平拒绝等于零的零假设，这表明在全国及东部、中部、西部地区 LETP、LEMS 和 LGDP 之间存在长期均衡关系。

7.4.4　无碳能源技术面板因果检验结果

因果检验的前提是变量协整，由于无碳 LETP、LEMS 和 LGDP 之间存在协

整关系，因而可以检验序列间是否存在因果关系。运用 DIF-GMM 对 VECM 中式(7-4a)、式(7-4b)、式(7-4c)进行估计。表 7.15 展示了全国及东部、中部、西部地区无碳能源技术的 DIF-GMM 系数估计值、Sargan 检验结果、m_1和m_2统计量。结果表明，式(7-4a)、式(7-4b)、式(7-4c)中选择一阶或二阶滞后可使随机扰动项不相关。m_1和m_2代表 AR(1)和 AR(2)的检验统计量，从表 7.15 可以看出，一阶差分残差项均表现出一阶序列负相关，二阶序列不相关，并且所有 Sargan 统计量没有拒绝工具变量的有效性。

表 7.15　无碳能源技术 DIF-GMM 估计值[d]

自变量	因变量($\Delta LEMS_{it}$)			
	全国	东部地区	中部地区	西部地区
$\Delta LETP_{i,t-1}$	−0.500	0.890	−0.700	−0.461
$\Delta LETP_{i,t-2}$	−0.231	1.761*	1.181	−0.500
$\Delta LEMS_{i,t-1}$	−0.889	1.472	3.812***	0.868
$\Delta LEMS_{i,t-2}$	−1.010	−0.970	1.143	1.210
$\Delta LGDP_{i,t-1}$	−2.172*	0.019	−1.300*	−4.100***
$\Delta LGDP_{i,t-2}$	−0.581	2.211*	0.158	−0.823
$ECT_{i,t-1}$	−2.590***	−2.323*	−2.070*	−2.410*
Sargan	113.642	65.360	48.071	62.957
m_1	−2.473*	−1.742*	−2.022*	−1.867*
m_2	−1.660	0.544	0.011	−1.770

***、* 分别表示在 1%、10%显著性水平上拒绝零假设

注：d 表示除了 Sargan 检验基于一步 GMM 法，其他所有检验均采用稳健一步 GMM 方法

表 7.16 展示了无碳能源技术 Wald 检验统计量结果，用于判断变量间因果关系的方向。第一，探讨 LETP 和 LEMS 之间的短期因果关系。一方面，在东部地区从 LETP 到 LEMS 在 10%显著性水平存在负向关系，表明东部地区无碳能源技术专利的增加显著地降低了 CO_2 排放，研究结果与魏巍贤和杨芳[155]的结论一致。我国东部地区注重无碳能源技术(如水电和可再生能源技术)的开发，如果这些技术进入电力部门和其他部门，碳排放量将会下降。但是，东部地区无碳能源技术专利对降低碳排放的作用是有限的，无碳能源技术专利每增加 1%，CO_2 排放将会下降 0.023%。其原因可能在于私营企业采用无碳能源技术面临着正的外部性、高成本和高风险，他们不会积极主动采用高效率的无碳能源技术。例如，我国在太阳能光伏领域有着强大的 R&D 能力和市场竞争力，占据了全球约 70%的市场份额，但只有 3%到 4%的份额在国内消化，其他 96%则卖给了国外[212]。事实上，我国在很多无碳能源技术领域的 R&D 投入与发达国家相比存在较大的差距[198]。此外，目前我国一项专利获得授权的实际时间为 5～6

年[199]，这也阻碍了无碳能源技术专利减排作用的发挥。在全国和中部、西部地区从 LETP 到 LEMS 存在负向关系，但均不显著，表明无碳能源技术专利在这些地区的减排效果不明显。其原因可能在于中部、西部地区 R&D 投资不足、能源基础设施薄弱，使高效能源技术无法得以大规模应用。

表 7.16　无碳能源技术面板因果检验统计值

地区	因变量	自变量			
		短期			长期
		ΔLETP	ΔLEMS	ΔLGDP	ECT
全国	ΔLETP		−0.532***	0.099*	0.900***
	ΔLEMS	−0.004		0.143***	0.596***
	ΔLGDP	0.014*	0.590***		0.847***
东部地区	ΔLETP		−0.706*	−0.192*	0.874***
	ΔLEMS	−0.023*		0.085*	0.648***
	ΔLGDP	0.009*	0.562***		0.915***
中部地区	ΔLETP		−0.529*	0.148*	0.936***
	ΔLEMS	−0.002		0.094*	0.456***
	ΔLGDP	0.049*	0.840***		1.033***
西部地区	ΔLETP		−0.573*	0.528*	1.048***
	ΔLEMS	−0.006		0.374***	0.500***
	ΔLGDP	0.009**	0.416***		0.450***

***、**、*分别表示在 1%、5%、10%显著水平上拒绝没有因果关系的零假设

另一方面，在全国和东部、中部、西部地区从 LEMS 到 LETP 在 1%或 10%显著性水平存在负向关系，表明 CO_2 排放的增加并没有推动无碳能源技术专利的增加。原因可能在于，煤炭发电占据了我国电力发电的 83.0%，不合理的能源结构严重威胁到我国的能源安全[213]。因此，我国政府试图降低对化石能源的依赖、推动无碳能源技术(如太阳能、水电、风能和核能等)发展，其主要原因可能是能源安全，而不仅仅是减排。此外，从消费需求的角度来看，可再生能源和无碳能源可以视为完美的替代品，若从 CO_2 排放到化石能源技术专利之间存在正向关系，则从 CO_2 排放到无碳能源技术专利之间可能存在负向关系[66]。

第二，研究 LEMS 和 LGDP 之间、LETP 和 LGDP 之间的短期因果关系。从全国和东部、中部、西部地区来看，LEMS 和 LGDP 之间在 1%或 10%显著性水平存在双向正向关系，表明 CO_2 排放推动了 GDP 的增长，GDP 的增长导致了 CO_2 排放的增加。从 LETP 到 LGDP 在全国和东部、中部、西部地区在 10%

或 5%显著性水平存在正向关系，说明无碳能源技术专利的增加有助于 GDP 增长。从 LGDP 到 LETP 在全国、中部地区在 10%显著性水平存在正向关系，西部地区在 5%显著性水平存在正向关系，表明中部、西部地区 GDP 增长促进了无碳能源技术专利的发展。

第三，ECT 用来判断变量间是否存在长期均衡关系。由于无碳能源技术 ECT 系数在 1%的显著性水平均不等于零，这表明 LETP、LEMS 和 LGDP 之间存在长期均衡关系。

7.5 本章小结

本章基于我国 30 个省(自治区、直辖市，不包括港澳台和西藏)1997～2010 年的面板数据，运用动态面板数据方法，研究在考虑经济增长的情况下我国不同地区化石能源技术专利和 CO_2 排放之间、无碳能源技术专利和 CO_2 排放之间是否存在因果关系，进而判断不同地区间的化石能源技术与无碳能源技术在降低 CO_2 排放方面的差异，得到以下结论。

第一，从长期来看，在全国、东部地区、中部地区和西部地区四个层面上，化石能源技术专利、CO_2 排放和 GDP 之间都存在长期均衡关系，无碳能源技术专利、CO_2 排放和 GDP 之间也都存在长期均衡关系。

第二，从短期来看，在全国和三大地区化石能源技术专利与 CO_2 排放、无碳能源技术专利与 CO_2 排放之间的因果关系存在差异，具体表现在以下三个方面。

首先，从化石能源技术专利的角度来看，化石能源技术专利与 CO_2 排放之间存在双向正向关系，这一关系在全国和东部地区显著，但在中部和西部地区不显著，结果表明全国和东部、中部、西部地区化石能源技术专利都没有起到降低碳排放的作用。

其次，从无碳能源技术专利的角度来看，无碳能源技术专利到 CO_2 排放存在负向关系，这一关系在东部地区显著，但在全国、中部和西部地区均不显著；CO_2 排放到无碳能源技术专利存在负向关系，这一关系在全国和东部、中部、西部地区都显著。结果表明全国和三大地区的无碳能源技术专利都能够起到降低碳排放的作用，但不同地区降低碳排放的效果是不一样的，东部地区的减排效果比较明显，该地区无碳能源技术专利每增加 1%，CO_2 排放将会下降 0.023%，而中部和西部地区的减排效果不明显。

最后，短期内，三大地区间化石能源技术专利与 GDP、无碳能源技术专利与 GDP、CO_2 排放与 GDP 之间也表现出不同的因果关系。

第8章 结论与展望

本章在对前文各章节重要结论进行回顾和总结的基础上，提出对提高我国能源效率、降低碳排放的一些政策启示，并指出本书存在的不足和未来可以深入探索的方向。

8.1 主要结论

本书从理论和实证两方面研究了我国能源技术创新对节能减排的影响，得出的主要结论如下。

(1)能源技术创新对节能减排影响的理论分析。在分别构建能源效率影响因素和碳排放影响因素逻辑关系框架的基础上，从理论角度探讨了多种因素共同作用下能源技术创新如何影响能源效率和碳排放。首先，能源技术创新是影响能源效率的关键因素，认为能源技术创新对能源效率的影响遵循技术进步对能源效率促进作用的七条关系链，其对能源效率的直接影响和间接影响既体现在能源消费部门和能源生产部门中，也体现在产业结构调整、能源消费结构优化和工业化水平提升的过程中。其次，能源技术创新是影响碳排放的关键因素，其对碳排放的影响遵循技术进步对降低碳排放作用的六条关系链。能源技术创新一方面在能源的生产、运输和消费等环节起到降低碳排放的作用，另一方面通过推动产业结构调整降低高能耗产业在国民经济中的比重进而降低碳排放。

(2)能源技术创新对省际全要素能源效率的影响。运用投入导向CRS的DEA模型测算了我国各省市1995～2009年的全要素能源效率，应用知识管理与数据分析软件系统提取了各省市能源技术专利数据，利用面板随机效应Tobit模型研究多种因素作用下我国能源技术专利对省际全要素能源效率的影响。为了比较不同地区能源技术创新对能源效率的影响效果，进一步对东部、中部、西部地区进行检验。研究结果表明：从整体上来看，我国能源技术创新有效地促进了省际全要素能源效率的提高，能源技术专利每增加1%，全要素能源效率则提高0.009%。从三大区域来看，我国能源技术专利与省际全要素能源效率在东部、中部、西部地区均存在正向关系，但这一关系仅在东部地区显著，中部、西部地区不显著，东部地区能源技术专利每增加1%，能源效率提高0.078%，表明东部地区能源技术专利有效地促进了省际全要素能源效率的提高，而中部、西部地区能源技术专利对省际全要素能源效率的促进作用是有限的。

(3)能源技术创新对工业全要素能源效率的影响。在运用 DEA 模型测算中国 2005～2010 年省际工业和 1998～2010 年全国重工业与轻工业全要素能源效率的基础上，利用 Tobit 模型分别研究多因素作用下我国能源技术专利对省际工业、全国重工业和轻工业全要素能源效率的影响，得到以下结论：首先，我国能源技术专利对省际工业全要素能源效率的提高起到了促进作用，能源技术专利每增加 1%，工业全要素能源效率提高 0.031%。能源技术专利提高了重工业和轻工业的能源利用效率，但在提高重工业和轻工业全要素能源效率方面的作用是有限的，能源技术专利每增加 1%，重工业全要素能源效率提高 0.005 36%，轻工业全要素能源效率提高 0.003 84%。能源消费结构与省际工业、全国重工业和轻工业全要素能源效率之间存在显著负向关系；能源相对价格与重工业和轻工业能源效率之间都存在显著负向关系；重工业内部结构与能源效率之间存在显著负向关系，而轻工业内部结构与能源效率之间存在显著正向关系。

(4)能源技术创新与碳排放的长期均衡与动态关系。基于 VAR/VECM 模型，利用平稳性检验、协整检验、脉冲响应函数和方差分解分析方法，探讨多因素共同作用下 1985～2010 年我国能源技术创新与人均 CO_2 排放量、能源技术创新与 CO_2 排放强度之间的长期均衡和动态关系。研究结果表明：从长期来看，能源技术专利与人均 CO_2 排放量之间存在长期负向关系，但不显著；而能源技术专利与 CO_2 排放强度之间存在显著的长期负向关系，能源技术专利每增加 1%，CO_2 排放强度则下降 0.309%，表明能源技术专利有效地降低了 CO_2 排放强度。能源消费结构与人均 CO_2 排放量及 CO_2 排放强度之间存在显著的长期正向关系；产业结构与人均 CO_2 排放量和 CO_2 排放强度之间均存在正向关系，但不显著。从动态关系来看，脉冲响应结果表明人均 CO_2 排放量、CO_2 排放强度分别与其影响因素之间的内在关联是符合经济学常识的。方差分解分析结果表明能源技术专利对人均 CO_2 排放量和 CO_2 排放强度方差的贡献都比较大，而产业结构对人均 CO_2 排放量和 CO_2 排放强度方差的贡献相对较小；能源消费结构对人均 CO_2 排放方差的贡献比较小，但其对 CO_2 排放强度方差的贡献比较大。

(5)能源技术创新对省际碳排放的影响。基于我国 30 个省(自治区、直辖市，不包括港澳台和西藏)1997～2010 年的面板数据，根据动态面板数据方法，利用面板单位根检验、面板协整检验和面板因果检验，研究在考虑经济增长的情况下我国化石能源技术创新与无碳能源技术创新对 CO_2 排放影响的地区差异，得到以下结论：第一，从长期来看，在全国及东部、中部、西部地区化石能源技术专利、CO_2 排放和 GDP 之间及无碳能源技术专利、CO_2 排放和 GDP 之间都存在长期均衡关系。第二，从短期来看，化石能源技术专利与 CO_2 排放之间存在双向正向因果关系，这一关系在全国和东部地区是显著的，在中部和西部地区不显著，说明化石能源技术专利在全国及东部、中部、西部地区都没有起到降低 CO_2 排放的作用。从无碳能源技术专利到 CO_2 排放存在负向关系，这一关系在东部地区显著，然而在全国、中部和西部地区均不显著；从 CO_2 排放到无碳能源技术专利存在负向关系，且在全国及东部、中部、西部地区均显著，结果表明，全国和东部、中部、西部地区无碳能源技术专利都能够起到降低碳排放的作用，但不同地区降低碳排放的效果是不一样的，东部地区的减排效果比较明显，该地区无碳能源技术专利每增加 1%，CO_2 排放将会下降 0.023%，而中部和西部地区的减排效果不明显。

8.2　主要创新点

第一，从产出角度构建了能源技术创新对省际全要素能源效率影响的面板随机效应 Tobit 模型，诠释了全国及东部、中部、西部三大地区能源技术专利对能源效率影响效果的差异。

本书提出了实践中科学地测算与节能减排相关能源技术专利的方法，为能源技术创新指标的获取开辟了新思路。考虑到经济、技术和能源禀赋等方面存在明显的省际差异，在运用 DEA 方法测算省际全要素能源效率的基础上，构建了能源技术创新对省际全要素能源效率影响的面板随机效应 Tobit 模型。通过分析得出了以下结论：全国和东部地区能源技术专利有效地促进了能源效率提高，但中、西部地区能源技术专利对能源效率的促进作用是有限的。本书弥补了现有文献多从技术进步和 R&D 投入角度研究技术创新对省际能源效率影响的不足，丰富了能源技术创新理论；在实践方面为衡量能源技术创新对省际能源效率的影响效果提供了更合理的依据。

第二，从产出角度构建了工业全要素能源效率影响因素 Tobit 模型，测度了能源技术专利对省际工业和全国重工业、轻工业全要素能源效率影响的差异。

针对工业能源消耗存在地区差异的现状，本书在运用 DEA 方法测算省际工业和全国重工业与轻工业全要素能源效率的基础上，构建了能源技术创新对省际工业全要素能源效率影响的面板随机效应 Tobit 模型；考虑到重工业与轻工业能源消耗的差异，进一步构建能源技术创新对全国重工业和轻工业全要素能源效率影响的处理限值因变量的 Tobit 模型。通过分析得出了以下结论：能源技术专利有效地提高了省际工业能源效率，对重工业能源效率的提升作用大于轻工业。现有研究多从技术进步和 R&D 投入角度研究技术创新对工业能源效率的影响，而本书基于能源技术专利角度展开研究，丰富了能源技术创新理论；此外，在实践方面为衡量能源技术创新对工业能源效率的影响效果提供了更合理的依据。

第三，基于VAR/VECM方法，从全国层面构建了碳排放影响因素的计量模型，揭示了能源技术专利与CO_2排放量、能源技术专利与CO_2排放强度之间的长期均衡与动态关系。

本书在VAR模型和VECM框架下，从全国层面构建了能源技术创新对CO_2排放量和CO_2排放强度影响的计量模型。通过分析得出以下结论：能源技术专利对CO_2排放量和CO_2排放强度的影响有所不同，能源技术专利并没有显著降低CO_2排放量，却显著地降低了CO_2排放强度。本书弥补了现有文献多从技术进步和R&D投入角度研究技术创新对碳排放影响的不足，丰富了能源技术创新理论；在实践方面，为衡量能源技术创新对碳排放的影响效果提供了更合理的计量和考核标准。

第四，基于动态面板数据方法，构建了能源技术创新对省际碳排放影响的动态面板数据模型，揭示了化石能源技术专利与无碳能源技术专利对三大地区碳排放影响的差异。

考虑到能源技术减排效果的差异，本书界定了化石能源技术和无碳能源技术所涉及的领域，据此提出了化石能源技术专利和无碳能源技术专利的测算方法，是对能源技术创新研究方法的一次积极探索，也是对现有能源技术创新指标获取手段的一个重要补充。在基于IPCC碳排放系数法测算省际CO_2排放量的基础上，构建了能源技术创新对省际碳排放影响的动态面板数据模型。通过分析得出了以下结论：化石能源技术专利没有起到降低碳排放的作用；无碳能源技术专利在全国及三大地区都起到了降低碳排放的作用，东部地区减排效果比较明显，而中部和西部地区减排效果不明显。本书弥补了现有文献多从技术进步和R&D投入角度研究技术创新对碳排放影响的不足，丰富了能源技术创新理论；对于化石能源技术创新和无碳能源技术创新对碳排放影响的研究，是技术创新对碳排放影响研究的一次新的尝试，这些内容在现有文献中均未见分析。此外，在实践方面为衡量化石与无碳能源技术创新对碳排放的影响效果提供了合理的计量和考核标准。

8.3 政策建议

第一，加强能源技术领域的产学研合作。

通过本书的研究发现，我国能源技术创新能够起到促进节能减排的作用，但作用有限。目前，我国难以利用国际先进能源技术实现节能减排的目标，必须不断增强自主创新能力，来缩小与发达国家先进节能减排技术的差距。企业是能源技术 R&D 的主体，要获得先进的节能技术，我国企业必须具备自主技术 R&D 和创新能力。需要建立一批有一定规模的企业 R&D 中心，逐步形成“以企业为主体，政府引导，科技服务体系联动”的能源技术创新机制。鼓励企业建立 R&D 机构，以企业技术中心为主，增加技术创新投入，注重先进节能技术自主 R&D 和创新能力的提高。为鼓励企业进行能源技术创新，可通过财税政策的杠杆作用，鼓励企业开展节能技术 R&D，根据企业 R&D 投入力度政府可以给予创新企业不同程度的 R&D 退税补贴。由于能源工业技术创新具有不确定性，导致了企业投资不足的局面，需要政府加大能源领域研究开发的投入，特别要加大对节能减排技术的基础研究和应用研究的资金支持力度。我国能源学科的基础知识研究欠缺，需要加强能源基础知识的研究，政府应当主动承担 R&D 过程中的风险，向大学等科研机构提供充足的研究经费资助，鼓励自主 R&D。政府通过搭建技术创新平台，鼓励企业、高等院校和研究机构建立“产学研”合作机制，大力 R&D 低碳技术和无碳技术，从而在源头上控制碳排放。此外，政府通过加强知识产权保护和制定能源税、环境税等环境政策共同推动企业的技术创新，为其营造良好的外部环境。

第二，实行差异化的能源技术推广策略。

从技术生命周期理论来看，技术在被开发出来以后，有得到推广应用的要求。中国政府和企业应用好自主 R&D 形成的创新能力，加快节能技术产业化步伐，大力推广先进节能减排技术。组织实施一批促进行业节能减排的共性、关键技术作为产业化示范项目，加大重点行业中节能潜力大、应用面广的重大技术的推广力度。国家需要利用财政、税收、信贷和法律等多种手段，促进能源科技成果的产业化。例如，对节能技术和节能设备实行采购价格补贴，支持采用先进技术的企业，针对节能或减排达标的单位提供补贴、金融、税收等方面的激励措施，从而形成推动企业持续创新的有效激励机制。此外，在进行能源技术推广应用时应充分考虑技术和地区差异。

第 4 章和第 7 章的研究结果表明，我国能源技术创新对不同地区节能减排所起的作用是不一样的。从三大区域来看，东部地区能源技术创新有效地促进了能源效率的提高，而中部、西部地区的促进作用是有限的；化石能源技术创新对东部、中部、西部地区都没有起到降低 CO_2 排放的作用；无碳能源技术创新对东部、中部、西部地区都起到降低碳排放的作用，但仅东部地区的减排效果比较明显。在制定能源技术示范、推广应用策略时，需要考虑地区发展水平的差异。东部地区经济相对比较发达，自主创新能力较强；中部、西部属于经济不发达地区，自主创新能力较低，更依赖外部因素。技术水平较高的东部地区应充分利用风能、太阳能等清洁和高效能源，优先进行无碳能源技术和高效化石能源技术的示范和推广，然后把掌握的这些先进技术，再不断向中部、西部地区转移扩散。

同时建立区域间的技术学习机制，对中部、西部地区实行技术援助，介绍和传授先进的节能方法和管理经验，促进中西部地区的节能技术尤其是高效煤技术的推广和发展。中部、西部地区可以利用能源项目与东部地区开展各个领域的技术交流与合作，引进先进技术和管理经验。建立统一的技术交易信息服务平台，促进能源技术成果的转化和利用，可有效利用市场的自主调控机制，发挥企业在能源改革中的主动性来推动节能减排。

第三，合理调整不同地区高耗能产业结构。

第5章的研究结果表明，我国能源技术创新在工业节能中发挥的作用是有限的。在工业结构调整中，应进一步加强对产能过剩行业的限制和引导，提高准入标准，限制污染环境、技术水平落后的产品，尽快淘汰高能耗、高污染的技术、工艺和设备，新建项目要达到该行业能耗国内先进水平，从而促进产业结构的调整和升级。同时，加快运用先进适用技术及高新技术改造传统产业的步伐，采用先进技术标准优化技术结构和产品结构，逐步实现关键技术从以模仿、引进为主转向自主R&D为主，促进产业升级。此外，需要重点优化高能耗产业的结构，尤其加强对高耗能企业的技术改造，充分发挥技术创新在工业节能中的推动作用，开发节能产品、高附加值和深加工产品；加快运用节能技术改造冶金、化工等流程工业和交通运输业等主要高耗能领域的设备，降低能耗；大力发展高耗能工业的下游压延加工产品，延伸产业链，从而降低高耗能产业尤其是重化工业在经济中的比重。大力发展节能环保产业和技术密集型制造业等高加工度产业，进一步替代能源原材料工业，也可以加快工业结构调整的步伐，推动产业结构升级。

在制定产业结构调整政策时，需要充分考虑我国不同地区的资源优势和工业能源利用效率的差异，大力发展资源节约型和环境友好型的工业行业。东部地区具有资金、技术密集型企业较多的优势，对整体上提高我国工业部门能源效率有着重要作用，应该加大工业企业能源技术R&D投入力度。中西部地区具有资源丰富和劳动力价格低等优势，在继续发展劳动密集型产业的同时，重视对耗能高的行业进行技术改造，推进工业部门的技术节能与结构节能，充分利用东部地区资金，对东部发达地区能源效率较高的产业进行有选择性的移植。中西部地区围绕西气东输、西电东送等重大工程建设项目，可以大力发展相关产业，中部地区可以建立氧化铝、电解铝和洗精煤生产基地，西部地区可以积极发展电解铝、稀土金属和石油化工等工业。在加强地区之间交流的基础上，缩小地区间的工业能源效率的差距，东部地区通过产业转移、对口支援、技术转让等方式，促进中西部地区的工业发展，而中西部地区可通过能源领域的项目与东部地区进行合作与交流。

第四，发展高效化石和无碳能源技术推动能源消费结构调整。

第 6 章和第 7 章的研究结果表明，总体来看，我国能源技术创新起到了减排作用，但发现化石能源技术创新没能发挥减排作用，无碳能源技术创新有助于降低碳排放。由于受到能源禀赋、资金和技术等方面的限制，短期内我国以煤炭为主的能源消费结构难以改变。目前，优化能源消费结构，既要提高煤炭、石油、天然气等常规能源的利用效率，也要逐步提高无碳能源所占比例。首先，通过高效化石能源技术降低碳排放，以天然气来代替高碳的煤炭和石油。我国能源消费大约有 70%来自煤炭，需大力开发和推广应用清洁煤技术和高效燃煤技术，引进先进设备和工艺(如通过推进热电联产等技术)，提高煤炭的综合利用效率。在增加石油和天然气的供应方面，可通过提高成品油的环境标准、发展清洁油品和天然气的开采利用来提高石油和天然气的消费比重。其次，大力发展无碳能源促进能源供应多样化，从而降低对化石能源的依赖。我国拥有丰富的太阳能、风能等无碳能源，但由于受到资金和技术的制约，再开发利用度不高，国家需要通过税收、贷款等政策刺激无碳能源技术创新，保持无碳能源消费所占比重持续上升。建立以市场为主导的合理的能源价格体系，通过征收碳税来提高化石能源的相对价格，促使人们增加对无碳能源的消费。建立完善的碳排放权交易市场，在市场机制的作用下，激励企业提高能源效率、选择无碳能源。无碳能源技术分布在生产和消费的各个环节，政府和企业都应加大这些技术在相关领域的 R&D 及推广应用。此外，在推动无碳能源技术创新与扩散时可采用碳排放价格、排放绩效标准、化石能源税、可再生能源份额要求、可再生能源补贴等政策工具，在具体实施时，应考虑到各项政策的适用性和作用效果。

8.4　研究不足与展望

虽然本书从理论和实证两个层面研究了我国能源技术创新对节能减排的影响，但受作者的学识、研究水平和研究条件限制，还存在一些不足，有待进一步的深入研究。

(1)基础数据的完善。本书仅采用了能源技术专利申请量(流量)来表征能源技术创新，一般来说，一个地区的能源效率水平的影响因素，不仅仅与新出现的技术有关(流量)，还与历史积累的技术有关(存量)。未来研究中应进一步采用专利存量指标，比较能源技术专利流量和存量对节能减排影响的差异，对能源技术政策的制定将更加具有参考价值。

(2)研究对象范围可以拓展，研究的时间广度可以增加。目前，本书在研究范围的选取上适当简化，如在研究省际能源效率和省际碳排放时只考虑了东部、中部和西部三大地区，研究区域有待细化为东部、中部、西部和东北四大地区。

全要素能源效率产出指标仅考虑了合意产出(经济产出)，将非合意产出(环境影响)纳入模型更能揭示能源利用与环境问题之间的关系。由于数据所限，目前研究中所考虑的时间段相对较短，可以在完善数据的基础上适当加以扩充。

(3)能源技术创新对能源效率和碳排放的间接作用有待深入分析。本书通过逻辑关系分析，理清了能源效率影响因素的关系链和碳排放影响因素的关系链，并区分了各自的直接影响因素和间接影响因素，但间接影响因素在数量关系上是如何影响直接影响因素进而作用于能源效率和碳排放的，这个问题有待进一步探讨。此外，在研究能源技术创新对省际能源效率和省际碳排放的影响时，全国层面的研究假定不存在地区差异，未来研究中有待将地区控制变量纳入计量模型进行分析。

参考文献

[1]魏楚．中国能源效率问题研究[D]．浙江大学博士学位论文，2009.

[2]Robert K. The mechanisms for autonomous energy efficiency increases：a cointegration analysis of the US energy/GDP ratio[J]. The Energy Journal，2004，25：63-86.

[3]Cao G L，Zhang X Y，Zheng F C. Inventory of black carbon and organic carbon emissions from China [J]. Atmospheric Environment，2006，40：6516-6527.

[4]王庆一．中国 2007 年终端能源消费和能源效率(中)[J]．节能与环保，2009，3：16-19.

[5]耿诺，王高尚．我国能源效率分析[J]．研究与探讨，2008，30(7)：32-36.

[6] IPCC. Climate Change 2001：Mitigation [M] . Cambridge：Cambridge University Press，2001.

[7]高大伟．国际贸易技术溢出对中国能源效率的影响研究[D]．南京航空航天大学博士学位论文，2010.

[8]IPCC. The IPCC special report on emissions scenarios (SRES)[R]，2000.

[9]Luthi S，Prassler T. Analyzing policy support instruments and regulatory risk factors for wind energy deployment：a developers' perspective[J]. Energy Policy，2011，39：4876-4892.

[10]Dechezleprêtre A，Glachant M，Meniere Y. The clean development mechanism and the international diffusion of technologies：an empirical study[J]. Energy Policy，2008，36：1273-1283.

[11]Haites E，Duan M，Seres S. Technology transfer by CDM projects[J]. Climate Policy，2006，6(3)：327-344.

[12]Seres S，Haites E，Murphy K. Analysis of technology transfer in CDM projects：an update[J]. Energy Policy，2009，37：4919-4926.

[13]张小蒂，罗堃．中国高能耗、高污染产业节能减排的可持续性——兼论新型清洁发展机制[J]．学术月刊，2008，40(11)：79-86.

[14]徐殿金．中欧新能源合作的技术转移法律问题研究[D]．复旦大学硕士学位论文，2012.

[15]Dechezleprêtre A M，Glachant M，Haščič I，et al. What drives the international transfer of climate change mitigation technologies? Empirical evidence from patent data[R]，2010.

[16] Popp D. International innovation and diffusion of air pollution control technologies：the effects of NO_x and SO_2 regulation in the U. S.，Japan，and Germany[J]. Journal of Environmental Economics and Management，2006，51 (1)：46-71.

[17]Popp D，Newell R G，Jaff A B. Energy，the environment，and technological change[R]，2009.

[18]Freeman C. Economics of Industrial Innovation[M]. Cambridge：MIT Press，1982.

[19]Stoneman P，Karshenas M. Handbook of the economics innovation and technological change[R]，1995.

[20]柳卸林．技术创新经济学的发展[J]．数量经济技术经济研究，1993，4：67-76.

[21]傅家骥．技术创新管理[M]．北京：清华大学出版社，1998.

[22]史世鹏．新型工业化视野中的创新之路[J]．理论视野，2003，8：19-20.
[23]董景荣．技术创新扩散的理论、方法与实践[M]．北京：科学出版社，2009.
[24]宁光杰．技术创新与资本主义经济的动力[J]．教学与研究，2009，2：28-33.
[25] SIPO. 中华人民共和国国家知识产权局专利数据库[EB/OL]. http://www.sipo.gov.cn/，2012-06-22.
[26]荆滕霄．技术创新与专利保护制度的双效机制研究[D]．渤海大学硕士学位论文，2012.
[27]Sagar A. Technology innovation and energy[J]. Encyclopedia of Energy，2004，6：27-43.
[28]Sagar A，Gallagher K S. Energy technology demonstration & deployment[J]. Energy Technology Innovation Project，2006，7：1-16.
[29]魏晓平，史历仙．中国能源产业技术创新的宏观环境分析[J]．中国矿业大学学报(社会科学版)，2008，3：52-58.
[30]Patterson M. What is energy efficiency：concepts，indicators and methodological issues[J]. Energy Policy，1996，5：377-390.
[31]Bosseboeuf D，Chateau B，Lapillone B. Cross-country comparison on energy efficiency indicators：the on-going European effort towards a common methodology[J]. Energy Policy，1997，25(9)：673-682.
[32]史丹．我国经济增长过程中能源利用效率的改进[J]．经济研究，2002，9：49-56.
[33]魏一鸣，廖华，等．中国能源研究报告(2010)：能源效率研究[M]．北京：科学出版社，2010.
[34]付允，马永欢，刘怡君，等．低碳经济的发展模式研究[J]．中国人口·资源与环境，2008，18(3)：14-19.
[35]Parson E A，Keith D W. Fossil fuels without CO_2 emissions[J]. Science，1998，282：1053-1054.
[36]Kinzig A P，Kammen D M. National trajectories of carbon emissions：analysis of proposals to foster the transition to low carbon economies[J]. Global Environmental Change，1998，8(3)：183-208.
[37]Popp D C. The effect of new technology on energy consumption[J]. Resource and Energy Economics，2001，23(3)：215-239.
[38]Popp D. Induced innovation and energy prices[J]. The American Economic Review，2002，92：160-180.
[39]Norberg-Bohm V. The role of government in energy technology innovation：insights for government policy in the energy sector[R]，2002.
[40]Margolis R M. Understanding technological innovation in the energy sector：the case of photovoltaic [D]. PhD.，Princeton University，2002.
[41]Sagar A D，Holdren J P. Assessing the global energy innovation system：some key issues[J]. Energy Policy，2002，30：465-469.
[42]Dieperink C，Brand I，Vermeulen W. Diffusion of energy-saving innovations in industry and the built environment：Dutch studies as inputs for a more integrated analytical framework[J]. Energy

Policy, 2004, 32: 773-784.

[43]Foxon T J, Gross R, Chase A, et al. UK innovation systems for new and renewable energy technologies: drivers, barriers and systems failure[J]. Energy Policy, 2005, 33: 2123-2137.

[44]Jagoda K, Lonseth R, Lonseth A, et al. Development and commercialization of renewable energy technologies in Canada: an innovation system perspective[J]. Renewable Energy, 2011, 36: 1266-1271.

[45]苏竣，眭纪刚，张汉威，等. 中国政府资助的可再生能源技术创新[J]. 中国软科学，2008，11：34-44.

[46]Ru P, Zhi Q, Zhang F, et al. Behind the development of technology: the transition of innovation modes in China's wind turbine manufacturing industry[J]. Energy Policy, 2012, 43: 58-69 .

[47]苏竣，张汉威. 从 R&D 到 R&3D：基于全生命周期视角的新能源技术创新分析框架及政策启示[J]. 中国软科学，2012，3：93-99.

[48]Margolis R M, Kammen D M. Underinvestment: the energy technology and R&D policy challenge [J]. Science, 1999, 285: 690-692.

[49]Sagar A D, Zwaan V D, Source B. Technological innovation in the energy sector: R&D, deployment, and learning-by-doing[J]. Energy Policy, 2006, 34: 2601-2608.

[50]Jamasb T, Pollitt M G. Deregulation R&D in network industries: the case of the electricity industry [J]. Research Policy, 2008, 37 (6～7): 995-1008.

[51]Kimura O. Public R&D and commercialization of energy-efficient technology: a case study of Japanese projects [J]. Energy Policy, 2010, 38: 7358-7369.

[52]Garrone P, Grilli L. Is there a relationship between public expenditures in energy R&D and carbon emissions per GDP? An empirical investigation[J]. Energy Policy, 2010, 38: 5600-5613.

[53]Popp D, Newell R. Where does energy R&D come from? Examining crowding out from energy R&D[J]. Energy Economics, 2012, 34(4): 980-991.

[54]Nemet G, Kammen D. U. S. energy research and development: declining investment, increasing need, and the feasibility of expansion[J]. Energy Policy, 2007, 35: 746-755.

[55] Noailly J, Batrakova S. Stimulating energy-efficient innovations in the Dutch building sector: empirical evidence from patent counts and policy lessons[J]. Energy Policy, 2010, 38: 7803-7817.

[56]Braun F G, Schmidt-Ehmcke J, Zloczysti P. Innovative activity in wind and solar technology: empirical evidence on knowledge spillovers using patent data[J]. Centre for Economic Policy Research, 2010, 3: 1-28.

[57]Popp D, Haščič I, Medhi N. Technology and the diffusion of renewable energy[J]. Energy Economics, 2011, 33: 648-662.

[58]Jamasb T, Pollitt M G. Electricity sector liberalisation and innovation: an analysis of the UK's patenting activities[J]. Research Policy, 2011, 40: 309-324.

[59]Haščič I，Johnstone N. CDM and international technology transfer：empirical evidence on wind power[J]. Climate Policy，2011，11(6)：1303-1314.

[60]Harborne P，Hendry C. Pathways to commercial wind power in the US，Europe and Japan：the role of demonstration projects and field trials in the innovation process[J]. Energy Policy，2009，37：3580-3595.

[61]王婷．能源技术创新对煤炭资源型经济转型作用机理研究[D]. 中北大学硕士学位论文，2012.

[62]Norberg-Bohm V. Creating incentives for environmentally enhancing technological change：lessons from 30 years of U. S. energy technology policy[J]. Technological Forecasting and Social Change，2000，65：125-148.

[63]Auerswald P，Branscomb L. Valleys of death and darwinian seas：financing the invention to innovation transition in the United States[J]. The Journal of Technology Transfer，2003，28：227-239.

[64]Banales-Lopez S，Norberg-Bohm V. Public policy for energy technology innovation：a historical analysis of fluidized bed combustion development in the USA[J]. Energy Policy，2002，30：1173-1180.

[65]Taylor M. Beyond technology-push and demand-pull：lessons from California's solar policy[J]. Energy Economics，2008，30：2829-2854.

[66]Fischer C，Newell R G. Environmental and technology policies for climate mitigation[J]. Journal of Environmental Economics and Management，2008，55：142-162.

[67]Johnstone N，Haščič I，Popp D. Renewable energy policies and technological innovation：evidence based on patent counts[J]. Environmental and Resource Economics，2010，45：133-155.

[68]McCormick J. What drives innovation in renewable energy technology? Evidence based on patent counts[D]. PhD.，Princeton University，2011.

[69]Noailly J. Improving the energy efficiency of buildings：the impact of environmental policy on technological innovation[J]. Energy Economics，2012，34：795-806.

[70]Weyant J P. Accelerating the development and diffusion of new energy technologies：beyond the "Valley of Death"[J]. Energy Economics，2011，33(4)：674-682.

[71]Olmos L，Ruester S，Liong S J. On the selection of financing instruments to push the development of new technologies：application to clean energy technologies[J]. Energy Policy，2012，43：252-266.

[72]刘高峡，黄栋，蔡茜．可再生能源的技术创新障碍与激励政策建议[J]. 科技进步与对策，2006，26(1)：94-96.

[73]Tan X. Clean technology R&D and innovation in emerging countries-experience from China[J]. Energy Policy，2010，38：2916-2926.

[74]Liu X L. Probing the guiding role of taxation in energy-saving and emission-reducing technology[J]. Energy Procedia，2011，5：20-24.

[75]Zhang J. R&D for environmental innovation and supportive policy：the implications for new energy automobile industry in China[J]. Energy Procedia，2011，5：1003-1007.

[76]魏楚，沈满洪．能源效率与能源生产率：基于 DEA 方法的省际数据比较[J]. 数量经济技术经济研究，2007，9：110-121.

[77]Farrell M J. The measurement of productive efficiency[J]. Journal of the Royal Statistical Society Series A，1957，120(3)：253-290.

[78]师博，沈坤荣．市场分割下的中国全要素能源效率：基于超效率 DEA 方法的经验分析[J]. 世界经济，2008，9：49-58.

[79]李廉水，周勇．技术进步能提高能源效率吗？——基于中国工业部门的实证检验[J]. 管理世界，2006，10：82-89.

[80]Wang Z H，Zeng H L，Wei Y M，et al. Regional total factor energy efficiency：an empirical analysis of industrial sector in China[J]. Applied Energy，2012，97：115-123.

[81]Hu J L，Wang S C. Total-factor energy efficiency of regions in China[J]. Energy Policy，2006，34：3206-3217.

[82]李兰冰．中国全要素能源效率评价与解构——基于"管理-环境"双重视角[J]. 中国工业经济，2012，6：57-69.

[83]屈小娥．中国省际工业能源效率与节能潜力：基于 DEA 的实证和模拟[J]. 经济管理，2011，33(7)：16-24.

[84]Smil V. China's energy[R]. Washington D C：Report Prepared for the U. S. Congress Officer of Technology Assessment，1990.

[85]张宗成，周猛．中国经济增长与能源消费的异常关系分析[J]. 上海经济研究，2004，4：41-45.

[86]魏楚，沈满洪．结构调整能否改善能源效率：基于中国省级数据的研究[J]. 世界经济，2008，11：77-85.

[87]王丹．能源约束下的产业结构变动与能源效率研究[D]. 浙江大学硕士学位论文，2012.

[88]呙小明．基于产业层次的中国能源效率研究[D]. 重庆大学博士学位论文，2012.

[89]吴巧生，成金华．中国工业化中的能源消耗强度变动及因素分析——基于分解模型的实证研究[J]. 财经研究，2006，32(6)：75-85.

[90]王俊松，贺灿飞．技术进步、结构变动与中国能源利用效率[J]. 中国人口・资源与环境，2009，19(2)：157-161.

[91]Garbaccio R F，Ho M S，Jorgenson D W. Controlling carbon emissions in China[J]. Environment and Development Economics，1999，4(4)：493-518.

[92]杨洋，王非，李国平．能源价格、产业结构、技术进步与我国能源强度的实证检验[J]. 统计与决策，2008，11：103-105.

[93]Wei Y M，Liao H，Fan Y. An empirical analysis of energy efficiency in China's iron and steel sector [J]. Energy，2007，32(12)：2262-2270.

[94]成金华，李世祥．结构变动、技术进步以及价格对能源效率的影响[J]. 中国人口・资源与环境，2010，20(4)：35-42.

[95]王姗姗，屈小娥．基于环境效应的中国制造业全要素能源效率变动研究[J]. 中国人口·资源与环境，2011，21(8)：130-137.

[96]李春发，谭洪玲，王澜颖，等．天津市工业行业全要素能源效率变动的影响因素分析[J]. 中国人口·资源与环境，2012，22(4)：156-162.

[97]Fisher-Vanden K，Jefferson G H，Liu H M，et al. What is driving China's decline in energy intensity? [J]. Resource and Energy Economics，2004，26：77-97.

[98]赵娅．中国能源效率、能源消费与经济增长关系的实证研究[D]. 山东大学硕士学位论文，2007.

[99]徐士元．技术进步对能源效率影响的实证分析[J]. 科研管理，2009，30(6)：16-24.

[100]滕玉华．自主研发、技术引进与能源强度——基于中国地区工业的实证分析[J]. 产业经济研究，2009，5：1-6.

[101]滕玉华．国际R&D溢出与工业能源效率——基于进口贸易的实证分析[J]. 国际贸易问题，2010，5：104-110.

[102]于宏洋．技术进步对能源效率的影响研究——基于内蒙古工业数据的实证分析[D]. 内蒙古大学硕士学位论文，2012.

[103]周勇，林源源．技术进步对能源消费回报效应的估算[J]. 经济学家，2007，2：45-53.

[104]Sinton J E，Fridley D G. What goes up：recent trends in China's energy consumption[J]. Energy Policy，2000，28(10)：671-687.

[105]史丹．中国能源效率的地区差异与节能潜力分析[J]. 中国工业经济，2006，10：49-58.

[106]郭菊娥，柴建，席酉民．一次能源消费结构变化对我国单位GDP能耗影响效应研究[J]. 中国人口·资源与环境，2008，18(4)：38-43.

[107]唐玲，杨正林．能源效率与工业经济转型——基于中国1998～2007年行业数据的实证分析[J]. 数量经济技术经济研究，2009，10：34-48.

[108]臧传琴，刘岩．山东省全要素能源效率及其影响因素分析[J]. 中国人口·资源与环境，2012，22(8)：107-113.

[109]Fisher-Vanden K，Jefferson G H，Jing K M，et al. Technology development and energy productivity in China[J]. Energy Economics，2006，28：690-705.

[110]Hang L，Tu M. The impacts of energy price on energy intensity：evidence from China[J]. Energy Policy，2007，35：2978-2988.

[111]屈小娥．中国省际全要素能源效率变动分解——基于Malmquist指数的实证研究[J]. 数量经济技术经济研究，2009，8：29-43.

[112]张宗益，呙小明，汪锋．能源价格上涨对中国第三产业能源效率的冲击——基于VAR模型的实证分析[J]. 管理评论，2010，22(6)：61-70.

[113]李国璋，霍宗杰．中国全要素能源效率、收敛性及其影响因素——基于1995—2006年省际面板数据的实证分析[J]. 经济评论，2009，6：101-109.

[114]王海宁，陈媛媛．产业集聚效应与工业能源效率研究——基于中国25个工业行业的实证分析 [J]. 财经研究，2010，36(9)：69-79.

[115]汪克亮，杨宝臣，杨力．考虑环境效应的中国省际全要素能源效率研究[J]. 管理科学，

2010，23(6)：100-111.
[116]许广月．中国能源消费、碳排放与经济增长关系的研究[D]. 华中科技大学博士学位论文，2010.
[117]杨慧．基于 Kaya 公式的中国碳排放影响因素的分析与预测[D]. 暨南大学硕士学位论文，2012.
[118]杨国锐．中国经济发展中的碳排放波动及减碳路径研究[D]. 华中科技大学博士学位论文，2010.
[119]Greening L A，Davis W B，Schipper L. Decomposition of aggregate carbon intensity for the manufacturing sector：comparison of declining trends from 10 OECD countries for the period 1971-1991[J]. Energy Economics，1998，20(1)：43-65.
[120]徐国泉，刘则渊，姜照华．中国碳排放的因素分解模型及实证分析：1995-2004[J]. 中国人口·资源与环境，2006，16(6)：158-161.
[121]魏一鸣，刘兰翠，范英，等．中国能源报告(2008)：碳排放研究[M]. 北京：科学出版社，2008.
[122]刘红光，刘卫东．中国工业燃烧能源导致碳排放因素分解[J]. 地理科学进展，2009，28(2)：285-292.
[123]张华．2004～2010 年中国工业分行业二氧化碳排放影响因素分析[D]. 内蒙古大学硕士学位论文，2012.
[124]Tester J W. Sustainable Energy：Choosing Among Options[M]. Boston：the MIT Press，2005.
[125]林伯强，刘希颖．中国城市化阶段的碳排放：影响因素和减排策略[J]. 经济研究，2010，8：66-78.
[126]侯鹏飞．基于因素分解的我国碳排放影响因素分析[D]. 北京化工大学硕士学位论文，2012.
[127]Ehrlich P R，Holdren J P. Impact of population growth[J]. Science，1971，171(3977)：1212-1217.
[128]Dietz T，Rosa E A. Rethinking the environmental impacts of population，affluence，and technology [J]. Human Ecology Review，1994，1：277-300.
[129]刘兰翠．我国二氧化碳减排问题的政策建模与实证研究[D]. 中国科学技术大学博士学位论文，2006.
[130]林伯强，蒋竺均．中国二氧化碳的环境库兹涅兹曲线预测及影响因素分析[J]. 管理世界，2009，3：12-23.
[131]贺红兵．我国碳排放影响因素分析[D]. 华中科技大学博士学位论文，2012.
[132]李卫兵，陈思．我国东中西部二氧化碳排放的驱动因素研究[J]. 华中科技大学学报，2011，25(3)：111-116.
[133]徐玉高，郭元．经济发展、碳排放和经济演化[J]. 环境科学进展，1999，7(2)：54-64.
[134]杨桂元，李璐．影响我国碳排放量因素分析与低碳经济的路径选择[J]. 科技和产业，2011，11(1)：71-76.
[135]李小平，卢现祥．国际贸易、污染产业转移和中国工业 CO_2 排放[J]. 经济研究，2010，

1：15-26.

[136]杜立民．我国二氧化碳排放的影响因素：基于省级面板数据的研究[J]．南方经济，2010，11：20-33.

[137]赵耀昌．我国碳排放影响因素的实证分析[D]．东北财经大学硕士学位论文，2011.

[138]谢玲淋．基于空间计量的中国省域碳排放影响因素研究[D]．湖南大学硕士学位论文，2012.

[139]Dinda S. Environmental Kuznets curve hypothesis：a survey[J]. Ecological Economics，2004，49(4)：431-455.

[140]许广月，宋德勇．中国碳排放环境库兹涅茨曲线的实证研究——基于省域面板数据[J]．中国工业经济，2010，266(5)：37-47.

[141]Bernstein P M，Montgomery W D，Tuladhar S D. Potential for reducing carbon emissions from non-Annex B countries through changes in technology[J]. Energy Economics，2006，28(5～6)：742-762.

[142]Lantz V，Feng Q. Assessing income，population，and technology impacts on CO_2 emissions in Canada：where's the EKC? [J]. Ecological Economics，2006，57(2)：229-238.

[143]Fan Y，Liu L C，Wu G，et al. Analyzing impact factors of CO_2 emissions using the STIRPAT model[J]. Environmental Impact Assessment Review，2006，4：377-395.

[144]Gerlagh R. Measuring the value of induced technological change[J]. Energy Policy，2007，35(11)：5287-5297.

[145]Parikh J，Ghosh P. Energy technology alternatives for India till 2030[J]. International Journal of Energy Sector Management，2009，3(3)：233-249.

[146]王铮，蒋轶红，吴静，等．技术进步作用下中国 CO_2 减排的可能性[J]．生态学报，2006，2：423-431.

[147]李国志．基于技术进步的中国低碳经济研究[D]．南京航空航天大学博士学位论文，2011.

[148]付伟．湖北省碳排放影响因素实证研究[D]．中央民族大学博士学位论文，2012.

[149]姚西龙，于渤．技术进步、结构变动与工业二氧化碳排放研究[J]．科研管理，2012，33(8)：35-40.

[150]Chen Q，Kang C，Xia Q，et al. Preliminary exploration on low-carbon technology roadmap of China's power sector[J]. Energy，2011，36：1500-1512.

[151]Gnansounou E，Dong J，Bedniaguine D. The strategic technology options for mitigating emissions in power sector：assessment of Shanghai electricity-generating system[J]. Ecological Economics，2004，50：117-133.

[152]Goulder L H，Schneider S H. Induced technological change and the attractiveness of CO_2 abatement policies[J]. Resource and Energy Economics，1999，21(3～4)：211-253.

[153]Fisher-Vanden K，Wing I S. Accounting for quality：issues with modeling the impact of R&D on economic growth and carbon emissions in developing economies[J]. Energy Eco-

nomics，2008，30：2771-2784.

[154] Ang J B. CO_2 emissions，research and technology transfer in China[J]. Ecological Economics，2009，68：2658-2665.

[155]魏巍贤，杨芳．技术进步对中国二氧化碳排放的影响[J]. 统计研究，2010，27(7)：36-44.

[156]Lanzi E，Verdolini E，Hascic I. Efficiency-improving fossil fuel technologies for electricity generation：data selection and trends[J]. Energy Policy，2011，39：7000-7014.

[157]杨忠敏．我国可再生能源技术专利、碳排放与经济增长的关系研究——基于 VAR 模型的实证分析[J]. 科技管理研究，2012，9：22-26.

[158]Gallagher K S，Holdren J P，Sagar A D. Energy-technology innovation[J]. Annual Review Environmental Resource，2006，31：193-237.

[159]吴琦．中国省域能源效率评价研究[D]. 大连理工大学博士学位论文，2010.

[160]王庆一．能源效率及其政策和技术(上) [J]. 节能与环保，2001，6：11-14.

[161]许秀丽．我国能源效率及其影响因素研究[D]. 重庆大学硕士学位论文，2010.

[162]徐国泉，姜照华．技术进步、结构变化与美国能源效率的关系[J]. 科学学与科学技术管理，2007，3：104-108.

[163]Anderson D. Energy efficiency and the economists：the case for a policy based on economic principles[J]. Annual Review of Energy and the Environment，1995，20(1)：495-511.

[164]Denison E F. Why Growth Rates Differ：Postwar Experience in Nine Western Countries [M]. Washington：Brookings Institution Publishing，1967.

[165]刘畅，崔艳红．中国能源消耗强度区域差异的动态关系比较研究[J]. 中国工业经济，2008，4：34-43.

[166]齐志新，陈文颖．结构调整还是技术进步？——改革开放后我国能源效率提高的因素分析[J]. 上海经济研究，2006，6：8-16.

[167]王达．产业结构变动对能源效率的影响研究——基于广州市的数据[D]. 华中科技大学硕士学位论文，2008.

[168]吴琦，武春友．我国能源效率关键影响因素的实证研究[J]. 科研管理，2010，31(5)：164-171.

[169]Boyd G A，Pang J X. Estimating the linkage between energy efficiency and productivity[J]. Energy Policy，2000，28(5)：289-296.

[170] Nakicenovic N，Swart R. Special Report on Emissions Scenarios：Report of Working Group Ⅲ of the Intergovernmental Panel on Climate Change[M]. Cambridge：Cambridge University Press，1998.

[171]董利．我国能源效率变化趋势的影响因素分析[J]. 产业经济研究，2008，1：8-18.

[172]于峰，齐建国，田晓林．经济发展对环境质量的实证分析——基于 1999-2004 年间各省市的面板数据[J]. 中国工业经济，2006，8：23-35.

[173]卢祖丹．我国社会经济发展及制度变迁对碳排放的影响研究[D]. 中国科学技术大学博士学位论文，2011.

[174]张珍花，方勇．我国区域碳排放强度影响因素及动态关系探究[J]. 统计与决策，2012，16：90-93.

[175]李健，周慧．中国碳排放强度与产业结构的关联分析[J]. 中国人口·资源与环境，2012，22(1)：7-14.

[176]陈红敏．包含工业生产过程碳排放的产业部门隐含碳研究[J]. 中国人口·资源与环境，2009，19(3)：25-30.

[177]陈诗一．中国碳排放强度的波动下降模式及经济解释[J]. 世界经济，2011，4：124-143.

[178]刘广为，赵涛．中国碳排放强度影响因素的动态效应分析[J]. 资源科学，2012，34(11)：2106-2114.

[179]何凌云，林祥燕．能源价格变动对我国碳排放的影响机理及效应研究[J]. 软科学，2011，25(11)：94-98.

[180]Jalil A，Mahmud S F. Environment Kuznets curve for CO_2 emissions：a cointegration analysis for China[J]. Energy Policy，2009，37(12)：5167-5172.

[181]孙敬水．中国碳排放强度驱动因素实证研究[J]. 贵州财经学院学报，2011，152(3)：1-6.

[182]单豪杰．中国资本存量K的再估算：1952-2006[J]. 数量经济技术经济研究，2008，10：18-31.

[183]李国璋，霍宗杰．我国全要素能源效率及其收敛性[J]. 中国人口·资源与环境，2010，20(1)：11-16.

[184]徐盈之，管建伟．中国区域能源效率趋同性研究：基于空间经济学视角[J]. 财经研究，2011，1：112-123.

[185]陈德敏，张瑞，谭志雄．全要素能源效率与中国经济增长收敛性——基于动态面板数据的实证检验[J]. 中国人口·资源与环境，2012，22(1)：130-137.

[186]杨正林，方齐云．能源生产率差异与收敛：基于省际面板数据的实证分析[J]. 数量经济技术经济研究，2008，9：17-30.

[187]Griliches Z. Patent statistics as economic indicators：a survey[J]. Journal of Economic Literature，1990，28(4)：1661-1707.

[188]OECD. 使用专利数据作用科学技术指标——专利手册[R]. 巴黎，1994.

[189]袁晓玲，张宝山，杨万平．基于环境污染的中国全要素能源效率研究[J]. 中国工业经济，2009，251(2)：76-86.

[190]胡根华，秦嗣毅．“金砖国家”全要素能源效率的比较研究——基于DEA-Tobit模型[J]. 资源科学，2012，34(3)：533-540.

[191]王兵，张技辉，张华．环境约束下中国省际全要素能源效率实证研究[J]. 经济评论，2011，4：31-43.

[192]李旭超，张爱丽，吴春雅，等．中国工业部门全要素能源效率状况分析——基于2005—2009年省际面板数据的实证研究[J]. 江西农业大学学报(社会科学版)，2011，10(4)：101-108.

[193]张伟，吴文元．基于LMDI的长三角都市圈工业能源强度变动的因素分解——对长三角都市圈1996～2008年工业部门数据的实证分析[J]. 产业经济研究，2011，54(5)：69-78.

[194]陈媛媛，李坤望．FDI对省际工业能源效率的影响[J]．中国人口·资源与环境，2010，20(6)：28-33.

[195]张志强，曲建升．温室气体排放评价指标及其定量分析[J]．地理学报，2008，63(7)：693-702.

[196]查冬兰，周德群．地区能源效率与二氧化碳排放的差异性——基于Kaya因素分解[J]．系统工程，2007，25(11)：65-71.

[197]Granger C W J，Hallman J. Nonlinear transformations of integrated time series[J]. Journal of Time Series Analysis，1991，12(3)：207-224.

[198]马驰，高昌林，施涵．中国能源研究与发展(R&D)投入[J]．能源研究与利用，2003，3：3-6.

[199]柳剑平，郑绪涛．专利制度：对技术创新的激励作用及其优化[J]．湖北行政学院学报，2008，37(1)：58-60.

[200]赵奥，武春友．中国碳排放强度与煤炭消耗的冲击效应分析[J]．中国人口·资源与环境，2011，21(8)：107-112.

[201]周五七，聂鸣．中国碳排放强度影响因素的动态计量检验[J]．管理科学，2012，25(5)：99-107.

[202]张友国．经济发展方式变化对中国碳排放强度的影响[J]．经济研究，2010，4：120-133.

[203]Yi W J，Zou L L，Guo J，et al. How can China reach its CO_2 intensity reduction targets by 2020? A regional allocation based on equity and development[J]. Energy Policy，2011，39：2407-2415.

[204]曾昭法，陈青云．中国东中西部经济增长对环境质量影响的对比研究[J]．统计与决策，2009，2：113-115.

[205]van Vuuren D，Zhou F，de Vries B，et al. Energy and emission scenarios for China in the 21st century-exploration of baseline development and mitigation options[J]. Energy Policy，2003，31：369-387.

[206]Hsiao C. Analysis of Panel Data[M]. Cambridge：Cambridge University Press，2003.

[207]Johansen S. Likelihood-Based Inference in Cointegrated Vector Autoregressive Models[M]. Oxford：Oxford University Press，1995.

[208]Arellano M，Bond S. Some tests of specification for panel data：Monte Carlo evidence and application to employment equations[J]. Review of Econometric Studies，1991，58：277-297.

[209]Blundell R，Bond S. Initial conditions and moment restrictions in dynamic panel data models[J]. Journal of Econometrics，1998，87：115-143.

[210]Hu C Z，Huang X J. Characteristics of carbon emission in China and analysis on its cause[J]. China Population，Resources and Environment，2008，18：38-42.

[211]Sorrell S，Dimitropoulos J，Sommerville M. Empirical estimates of the direct rebound effects：a review[J]. Energy Policy，2009，37：1356-1371.

[212]Gosense. The energy industry research report[EB/OL]. http://www.gosense.cn，2011-03-15.

[213]Wang Q，Chen Y. Status and outlook of China's free-carbon electricity[J]. Renewable and Sustainable Energy Reviews，2010，14：1014-1025.